思想觀念的帶動者

文化現象的觀察者

本土經驗的整理者

生命故事的關懷者

心靈工坊 Ⅰ PsyGarden ｜
Master

對於人類心理現象的描述與詮釋
有著源遠流長的古典主張，有著素簡華麗的現代議題
構築一座探究心靈活動的殿堂
我們在文字與閱讀中，找尋那奠基的源頭

故事・解構・再建構

麥克・懷特敘事治療精選集

NARRATIVE THERAPY CLASSICS

麥克・懷特 Michael White─著

徐曉珮─譯

吳熙琄─審閱

目錄

【故事・解構・再建構：麥克・懷特敘事治療精選集】

【目錄】

5

這本書全面展現了麥克‧懷特

吉兒‧佛瑞德門（Jill Freedman）

伊凡斯頓家庭醫療中心（Evanston Family Therapy Center）主任

　　杜維曲中心（Dulwich Centre）決定將麥克‧懷特的經典文章集結成書時，詢問了敘事治療方面的資深治療師與講師，應該收錄哪些文章。這對我來說實在很為難。我原本想推薦一些自己覺得最感動而深受啟發的文章。但後來又覺得也許一些與實踐相關，我常常回過頭來閱讀，講述治療實務過程中應該怎麼做的文章才最實用。然後我開始思考一些自己覺得創新且充滿挑戰性，顛覆了對來訪者（註1）與問題想法的文章。這些文章改變了我對世界的看法，也讓我不可能再從舊的角度去看世界。我覺得所有的文章都很棒，但一本書實在收不了這麼多篇。

　　杜維曲中心出版部的同事們蒐集了所有英語系的業界想法，從中挑選了一些單篇文章、著作章節與訪談，選出的部分涵蓋了我之前所有的考量。除此之外，甚至還加入了一個能夠幫助我們在進行治療工作時，探索自己目標與承諾的練習。

　　真是太厲害的選集了！麥克‧懷特能夠消化、吸收哲學、社會學與人類學的知識，從自己的閱讀中創造出治療

實踐的方法。這本書完美地呈現了他的能力。書中的概念與方法顛覆了治療師對來訪者以及來訪者與問題之間關係的看待方式。集結的文章讓我們能看穿問題背後來訪者珍惜與看重的事物。對於我們這些深受書中概念影響的人來說，說這些文章改變了我們的生命，完全不誇張。

本書收錄了橫跨 1988 年至 2006 年的文章，描述的治療範圍也很廣，包括精神疾病、悲傷、創傷與靈性。另外還涵蓋可以應用於各種問題的概念與處理方法，個案對象則遍及兒童、成人與家庭。

這本書中陳述的概念，早就對家族治療、心靈健康與社區工作領域造成了很大的影響與改變，但現在看起來仍然十分創新、具有啟發力。

本書於麥克‧懷特過世十年後的現在，在台灣發行了中文版，讓懷特與他的想法一直鮮活地存在我們所有人心中。感謝心靈工坊將本書介紹到中文的世界，讓華人能夠閱讀麥克‧懷特對於自身想法的親口描述。在芝加哥的伊凡斯頓家庭醫療中心，長期以來都要求進修學員閱讀這些文章，以利教學相長。現在中文的世界也可以做到了。當然，這些文章也可以幫助自我進修之用。

如果你對敘事治療的概念與方法有一些了解，閱讀本書可以讓你再次複習，並更深入去了解這些概念，產生一些新的體會。如果你對敘事治療的概念與方法還很陌生，本書可以提供你一些對於治療工作的思考方式，以及許多

實踐的方法。希望大家都能展開一段豐厚的閱讀之旅。

註釋

1. 【編註】根據黃素菲博士在《敘事治療的精神與實踐》（2018，心靈工坊）一書指出，敘事治療領域的作者在行文時經常使用「前來拜訪我的人」（the person who come to visit me）稱呼一般稱之為個案／案主的人，故該書將前來諮商者稱為「來訪者」。在這本《故事・解構・再建構》裡，若是在談論麥克・懷特敘事治療的語境和文脈中，我們亦採用「來訪者」的用法，但如果行文內容是在論及主流論述或其他治療典範之脈絡下，則維持「個案」的稱呼。

【審閱者序】
古典敘事在跨文化中的流動與蛻變

吳熙琄

茵特森創意對話中心（Center for Creative Dialogue）創辦人

於 2016 年出版的第一版《故事‧解構‧再建構：麥克‧懷特敘事治療精選集》（*Narrative Therapy Classics*，原書名直譯為「敘事治療古典理論」）這本書，把麥克‧懷特一生對敘事的核心理念，實踐的發展歷程，做了一個非常精華的介紹。讀者可以慢慢看出在八個章節中，麥克面對各式各樣的主題時，是如何帶著突破性的思考來看待不同類型的來訪者，以及如何與不同的來訪者對話，真的非常精彩而解構。

到底麥克一生當中有那些劃時代的重要文章可以整理編輯成一本書？世界各地的資深敘事治療師共同給出心中的選擇，而有了本書的付梓。我在審閱這本書的時候，再度仔細閱讀每一個章節，也看到自己從 1991 年開始接觸到麥克的教學之後，看著他隨著不同的階段，介紹他最新創造、整合的不同理念的過程，因此審閱這本書，似乎也像是再次地呼應著跟著麥克的歲月的學思歷史發展。

在 2018 年的今天審閱這本書，特別的有感觸，這些反思和感想，有的我很熟悉，有的很訝異，我想一一分

享：

（一）麥克提到，不去邊緣化任何一種生存方式的智慧
　　　與主體性，應協助來訪者探索另外一種屬於他們的
　　　生活知識。麥克總是相信人們在生活中不斷地在看
　　　要用怎樣的方式去生存與生活，他特別覺察到諮商
　　　師擁有自己都不一定注意到的權力——一種一不小
　　　心就會讓人們的生存方式與智慧知識消失不見的權
　　　力。

（二）麥克堅持去發現人們如何在困難中不斷去看到自身
　　　較偏好的故事，在偏好的故事中去發展他們有底氣
　　　的自我認同。在麥克的許多案例中，我們會讀到他
　　　如何透過敘事的問話，去讓較偏好的故事可以不斷
　　　發展和豐厚起來。

（三）麥克提到他偏好的隱喻是詩，他引用詩人馬盧夫
　　　（David Maloud）的想法，提到詩學的隱喻可以挑
　　　戰存在被邊緣化的問題，進而讓「日常存在的小小
　　　儀式」被看見。他覺得這些形容特別的令人感動。
　　　馬盧夫說，詩的用字一定是精準的，而重點是我們
　　　如何去找尋字句，把不被看見，和不被敘說的事物
　　　描述出來，可以讓獨特的經驗發出光芒。詩會協助
　　　讀者去看見原來看不見的地方，並表達出來。在來
　　　訪者的生活中，我們如何用精準的文字去表達來訪

者的生活，是一個可以銘記在心的原則。

（四）麥克指的靈性，和一般的靈性定義有所不同，他會
去看到和欣賞人們生命中可以看見的事物，而不是
看不見的東西，去欣賞人們生命中的點點滴滴。而
且打破既有的方式和選項，提供自我認同建立的基
礎。這是一種深刻的承諾，願意去看見平常不易被
看見的東西，願意回歸到生命本身的流淌，發現它
原來是值得被像詩般地看見和好奇。

（五）在書中提到麥克曾經介入攻擊事件，這讓我想到
許多年前我參加在亞特蘭大的一個著名的黑人學
校——史派曼大學（Spelman College）的國際敘
事對話的大會。我們一夥人有機會和麥克去校園外
面的街道散步走走，街上有乞丐向我們要錢，我們
所有的人都沒有掏錢，唯獨麥克從口袋中掏出一些
零錢給這個乞丐，當時我就覺得，麥克是一個真正
心存憐憫的人。我相信，當麥克看到人們在打架的
時候，他是真的有可能會去介入，然後想辦法去幫
忙，他就是一個充滿著社會正義感的人。

（六）麥克總是強調孩童們在面對創傷的時候，不論有
怎樣的問題和症狀，他們都是有反應的。當孩童
可以和他們有反應的故事做連結的時候，對他們
的自我認同會帶來信心和力量的提升，而不被二
度創傷。這讓我想到許多年前，我有機會透過一個

諮商師的邀請，和兩個青少年對話。這對兄弟的父母先後突然過世，我先陪他們看見生活中他們不讓父母擔心而努力生活的意圖，去看見他們的反應（response），此時的他們認識到自己對過世父母的貼心，以及想要父母放心的善意。我再以敘事中「再次說『哈囉』」（say hullo again）的做法，用過世父母的想法來見證這兩個孩子堅持將生活過好的努力，這對兄弟在結束的時候表達，開始對自己的成長有了更堅定的信心。這是一場讓我和諮商師都很感動的對話。

（七）麥克提到，面對疾病，可以用不同於主流論述的方式來看待人們如何選擇，以不同的生活方式來面對疾病。我近年來對疾病和癌症的論述，進行了很多的反思，希望從疾病中可以去尊重「人」的面對和努力，透過疾病去看見人，而非用一般的疾病中心論述去弱化人，這一點我和麥可有很深的共鳴。

（八）麥克提到個人的文檔，主要包括個人能力發展的敘述，如此一來，當事人才不會覺得自己是那麼失敗。在麥克的工作裡頭，如何在失敗中重新看見自己的回應和努力，是非常受重視的議題，麥克努力地讓來到他諮詢空間的人，可以遠離失敗自我認同的結論。這讓我想到很多年前我有機會在美國的精神科住院病房實習，陪伴了一位住院的病人，就暫

且叫她瑪麗亞。瑪麗亞對於自己住院覺得很羞恥，覺得怎麼又住院了？當我有機會去理解住院對她生活的意義，住院對她想要的生活會帶來怎麼樣的靠近時，她逐漸告訴我，雖然她覺得住院是一件失敗的事情，但是她也感覺到，在住院的時候，她才能夠更穩定，她才能夠避免傷害自己。在這個對話裡面，她突然意識到，住院對她而言，其實是她照顧自己的一個決定。而且她的先生跟她青少年的兒子也會比較放心，會定期來醫院看她。透過這些對話，她不再覺得自己是一個失敗的病人，她很高興自己可以來住院，對她來講，住院只是一個過渡期。

（九）我從 1998 年開始在華人地區教敘事，到今年也 20 年了。在許多的教學與現場訪談當中，試著將敘事治療理念與技術帶入說華語的文化環境。我發現能夠尊重來訪者的脈絡，緊跟著他的感受前行，是很重要的。我們不能在對話的過程當中有太強的企圖心，為了解構而解構，換句話說，解構是在一個適當的時機自然而產生的。這幾年也跟許多國外在敘事領域有很多浸泡的諮商師交流，大家都特別欣賞敘事的哲學觀，也受到敘事很深的影響，大家也有一種共鳴，就是敘事的問話要因地制宜，不能勉強。這也讓我看到，在澳洲、紐西蘭發展出來的敘

事治療，有著它歷史、社會、文化發展的脈絡，也就是他們面對著當地原住民長期受到白人從各面向壓迫的議題，一直到 2008 年，澳洲政府才對原住民正式的道歉。敘事理念的發展和這個文化發展脈絡有密切連結，解構是必須的，對做為社工的麥克也是一個責任和任務。

麥克對於關心政治運作如何影響人的被邊緣化，有很深的情懷，在這本書裡，我再次的體會到麥克會針對問題背後的政治意圖和運作做出很多的探索和對話。但我認為，在我們的實務工作裡，治療師的意圖還是要緊跟著來訪者，協助找出來訪者真正的需要。

（十）這本書的許多理念對我多年的實務和講學有著深刻的影響，這些不同的敘事理念提供了生命跟生活許多不同的視野跟智慧，與內心聯結，化痛苦為力量。這次審閱這本書，最深刻的體悟是，我欣賞敘事的哲學觀跟精神，但我堅持以我的方式去呈現敘事。在不同的講課以及訪談當中，我比較傾向於用溫和解構的思維去陪伴來訪者。麥克定義的解構是推翻顛覆（subvert）理所當然的現實與做法的過程，將熟悉的事物陌生化。但在我的思維裡，我比較少用推翻顛覆的心念。有些人會將我的敘事治療風格命名為「吳氏敘事」，我想可能是因為大家已

經發現到我呈現的敘事，已經不再是麥克的古典敘事了。這麼多年來，我帶著從麥克身上學習到的敘事，不斷在華人的文化裡面去探索，怎麼樣可以跟華人的文化更靠近，怎麼樣能夠做到無所為又有所為，也不斷地看見、引入最新的後現代對話理論技術，與敘事做出整合。

很多年前，麥克分享過一個概念，就是「copy that originate」，指一開始大家學習敘事，會先模仿一段時間，但後來可能都要慢慢地，去開創屬於我們每一個人或是每一個文化可以去獨特發展的敘事。我總覺得，既然這個西方來的東西有幸落地到我們的土壤，那麼我們應該如何在我們的土壤裡，努力長出屬於我們的敘事，是大家可以去思考和努力的。

謝謝杜維曲中心出版部門（Dulwich Centre Publications）把這本書整理出版，謝謝心靈工坊，謝謝徐曉珮小姐的翻譯，所有因緣的具足，讓更多的華人有機會可以閱讀這本書。

一本蘊藏眞知灼見的美麗文集

卡洛琳・馬基（Carolyn Markey）

杜維曲中心治療師

　　在本書編纂過程中，雪莉・懷特（Cheryl White）詢問了世界各地的敘事治療師，請他們提供四、五篇心目中的麥克・懷特代表作，內容著重在對家庭與兒童青少年工作給予特別的啟發與支持。我本人十分幸運，從二十五年前在杜維曲中心受訓開始，就一直在阿德雷德運用這套不斷演化敘事理念。

　　該怎麼介紹本書集結的篇章呢？首先我想到的是，在接到雪莉的詢問時，我自己當天的工作情況。對我影響最大、支撐最深，讓我安然度過那一整天的敘事理念是什麼呢？我問出口的問題究竟是怎麼得來的呢？是什麼讓我注意到在每段對話中，誰的聲音、想法與論述擁有更多的空間呢？在我和對方討論他們的掙扎與苦難時，有哪些文章特別能讓我警醒，注意到日常生活中的政治運作？

　　那天進行的是學校輔導的工作。我打開信箱發現一封電子郵件，通知有位學生的父親失蹤了，警方同時進行了大規模的搜索。這是一樁令人傷痛的突發事件。我分析著郵件中的字字句句，思考著這會讓我對學生當事人、他的

父親及家庭作出怎樣的假設。這些字句如何在無意識間反映出粗淺的結論，而我如何運用敘事治療的方法尋求更濃厚、更多故事線的證據。坐在電腦前閱讀著初步的資料，我知道最重要是：這名學生對近期發生的這些事件可能做出的詮釋是什麼。

目前的主流做法是好意地認為「兒童需要專業協助」，因此必須盡快安排與學生面談。但是我並沒有馬上採取行動。麥克在文章中舉出的各式各樣孩童與家庭諮詢，以及其他方面豐富的知識，都提醒了我：學校輔導員所謂「專家」的介入，在此刻不一定是最有效的「協助」。麥克引用傅柯（Michel Foucault）對於西方世界現代力量的分析，讓我們看到治療的政治運作（見第一章〈解構與治療〉），常常讓我想問：「我該怎麼時時警惕自己，不要讓專業的介入反而抑制了當事人家庭（或社區）自己處理危機的能力，或抑制發展處理危機的潛能？」

等到真的打電話給當事人家庭，我發現在過去 48 小時內，他們已經接受到各種陌生但有助益的介入，包括與警察、醫院系統與媒體的接觸。這時我覺得最重要的是，我的介入要如何在遵守倫理規範的情況下，讓當事人家庭和其他協助專業進行合作（見第七章〈合作關係的培育：父母與兒童之間，兒童保護工作與家庭之間〉）。

打第一通電話的時候，我同樣也將麥克特別強調的要

點謹記在心，時時注意挖掘「創傷對當事人造成結果」這一半故事背後更多的內容，同時辨識兒童與成人照顧者對這些陌生狀況產生的反應（見第五章〈兒童、創傷與支線故事的發展〉）。我很想知道當事人家庭成員與／或他們的朋友，這時候會為對方做些什麼。後來知道學生摯愛的父親獲救了，我也詢問了學生，覺得這時候應該幫助父親、家庭和自己做些什麼？

等到有機會和學生本人見面，最主要的課題就不再是「我能幫你做些什麼？」這時我的意圖是想做進一步的釐清：

- 確認他所做的決定和他如何因應危機之間的關聯。
- 招募支持當事人的聽眾。
- 盡量減少當事人深愛與珍惜的人們被病理化。

在我們之前的對話中，我曾問他：「還有誰知道這件事呢？是你讓他們知道的嗎？你是怎麼決定讓哪些朋友知道呢？」

這些問題能讓學生與我分享有哪些人在他的「生活圈」中扮演重要角色（見第三章〈再次說「哈囉」：悲傷處理中失落關係的整合〉與第四章〈重組會員〉）。他自己告訴了某些人最近發生的狀況。這對我們之間開始建立的合作關係非常重要，可以打造出一個安全、熟悉又開心

的基礎。等到我們之間的對話能夠邀請支持當事人的親友加入之後，包括學生的父親、其他親近的朋友與家人，尤其是他的愛狗，我便試著邀請他看看辦公室牆上張貼的文字內容。這是其他學生在遭遇某些困難又陌生的狀況後，寫下自己如何度過的心路歷程。

他注意到其中一首講述悲傷的詩，第一行寫的是：「悲傷是一件好事……」我們還沒怎麼仔細討論這首詩，但顯然這首詩與他的某些經歷起了共鳴。學生之間透過這種方式分享解決問題的可能方法，剛好與治療師去中心化、見證人的必要性與由下而上的可靠性等相關文章有所連結（見第八章〈論倫理道德與表面的靈性〉）。

麥克·懷特結合了哲學、語言學、人類學與女性主義概念的創新做法，鼓勵我們在治療時提供當事人一個環境，讓他們能帶出蘊藏在內在但還沒有實現的智慧與技能。我在第一次與這名學生對話時，透過像是「你覺得現在對你和父親來說，『讓一切保持平靜』有多重要？」這樣的問題，希望能突顯當事人與家人其他反應與決定的重要性。

在與這名學生較近期的諮商中，他告訴我父親現在「狀況比較好了，而且也平安出院回家。」我再進一步去詢問，他一開始將所有的改變，都歸功於父親對新的用藥反應良好，這也是父親的精神科醫師給予的解釋。為了讓當事人更明白他的父親與其他家庭成員所做的努力，以及

在地知識在其中的運作，我問了他一個麥克‧懷特早期在格蘭賽精神病院（Glenside Psychiatric Hospital）工作時常問的問題：「就你在家的觀察，父親最近有沒有從事什麼活動，使得治療效果變得更好？」（見第二章〈思覺失調的經驗與論述〉）。

沒想到他的眼睛亮了起來，馬上笑著回答：「他又開始跑步了，而且跑得比以前還勤快，是跟一個大學老友一起。我想他真的在逐漸康復！」

等到下次見面我會問他，兒子注意到且認同父親為了讓生活恢復正常而付出的努力，對父親來說有怎樣的意義。我真是等不及了！

從事治療師工作的每一天，我都仰賴著蘊藏於本書中的真知灼見。

我希望你能花時間反覆細細品味這本美麗的文集，書中的理念與故事會成為你珍貴的夥伴，幫助你進行重要而複雜的工作。

關於本書

本書集結了麥克‧懷特一系列的文章與訪談，內容包括轉化敘事治療傳統的觀點，重塑對於思覺失調的認知，提供有關悲傷處理的新方法，並繼續從深刻的角度去挑戰精神醫學知識的霸權。這些文章充滿了感動與啟發，罕見地同時呈現了政治觀點的分析與人性的同理心。

對某些人來說，閱讀本書就像與老友聚首，因著他們的陪伴重新恢復活力。對另一些人來說，書中每一篇文章都提供了意料之外的挑戰與可能性。不論面對的是正在歷經悲傷、心理健康困頓掙扎，或有著創傷經驗的人；不論處理的是兒童、成人，或是自己的親人，這裡述說的故事與精確的思考，都能在理解與實踐的層面提供新的選擇。

第一章
解構與治療

本章是敘事治療的經典文本，從實務中發生的故事切入，接著採用嚴謹而能啟發思考的引導方式，進行解構形式的治療。此外，本章尾註對於「當事人缺席的保密會

議」有著精彩的說明，切勿錯過！

本文於 1991 年首次刊載於《杜維曲中心通訊》（*Delwich Centre Newsletter*）第三期 21-40 頁。文章部分發表於 1991 年 4 月在海德堡舉辦的「大設計的結束」研討會（the End of Grand Design Conference），以及 1991 年 7 月在奧克拉荷馬州土爾沙舉辦的「透過治療對話產生可能」研討會（the Generating Possibilities Through Conversations Conference）。本文並再次收錄於艾普斯頓（Epston）與懷特的《經驗、矛盾、敘事與想像》（*Experience, contradiction, narrative & imagination*）（1992）一書，109-152 頁，澳洲阿德雷德市杜維曲中心出版。

第二章
思覺失調的經驗與論述
——肯恩·史都華（Ken Stewart）對麥克·懷特的訪談

訪談內容主題多樣，麥克在訪談中非常詳細討論了自己著作中，對於思覺失調經驗的思考。清楚說明了自己運用精神病學診斷與用藥的立場，並對精神醫學知識的霸權做了顛覆性的挑戰。同時，訪談中還提供了實際的做法，包括幻聽對話、創意的表格文件運用，甚至在治療中引進「隱形朋友」的概念。

本篇訪談首次刊載於麥克·懷特《重寫生命：訪談與

文章》（*Re-authoring Lives: Interviews and essays*）（杜維曲中心出版，1995）。從某個方面來說，這是一篇訪談的訪談。其中有些問題已經在 1990 年的一次訪談中問過，但沒有最終答案。肯恩・史都華服務於明尼蘇達州華盛頓郡的公眾服務公司（Human Services, Inc.）家庭治療部門（Family Treatment Program），並在明尼蘇達專業心理學學校兼任教職。

第三章
再次說「哈囉」：悲傷處理中失落關係的整合

對於如何處理深刻而蔓延的悲傷狀態，本文提供了突破性的做法，並將「再次說哈囉」這個隱喻運用於這個領域。

本文首次刊載於《杜維曲中心通訊》1988 年春季號，並預定發表於 1988 年 7 月 5-8 日在愛爾蘭科克郡巴利馬洛舉辦的「失落與家庭國際研討會」（the Loss and the Family International Colloquium）。首次刊載時，麥克感謝了卡爾・湯姆對於本文草稿提出的建議。

第四章
重組會員

本文內容包含感動人心的完整長篇「再次說哈囉」敘事治療諮商，說明了現在稱為重組會員的實踐方法。另外

本文也讓大家知道，填充玩偶做為諮商團隊成員貢獻十分卓著，在麥克的臨床諮商中扮演了非常重要的角色。

本章出自麥克·懷特《治療師生活之敘說》（*Narratives of Therapists' Lives*）（杜維曲中心出版，1997）。

第五章
兒童、創傷與支線故事發展

本文深具影響力，強調在兒童創傷諮商中支線故事發展的重要性。支線故事發展提供了兒童另一種身分認同的可能性，讓他們有機會說出自己的創傷經驗。這也使得兒童擁有相當程度的免疫力，避免二次創傷的潛在可能。本文也探討了「隱而不現」（the absent but implicit）運用的方式。

本文首次刊載於 2005 年的《敘事治療與社區工作國際期刊》（*the International Journal of Narrative Therapy and Community Work*）第三、四期，10-21 頁。

第六章
敘事治療實踐與身分結論的解析

在本章中，豐富的實踐故事與亮麗的歷史和理論探討穿插呈現，提供治療師各種方法，避免在身分認同上陷入自然主義的困境，取而代之的是運用豐富的身分故事線，

並面對各種不預期。

　　本文首次刊載於 2001 年的《壁虎：治療實踐的解構與敘事思考期刊》（*Gecko; A Journal of Deconstruction and Narrative Ideas in Therapeutic Practice*）第一期，28-55 頁。2004 年再次收錄於懷特《敘事實踐與異鄉生活：日常生活多樣性的復興》（*Narrative Practice and Exotic Lives: Resurrecting diversityin everyday life*）（杜維曲中心出版）。

第七章
合作關係的培育：父母與兒童之間，兒童保護工作與家庭之間
——大衛・丹柏洛夫（David Denborough）對麥克・懷特的訪談

　　這篇大衛・丹柏洛夫對麥克・懷特的訪談，提供治療師許多珍貴的概念與實踐思考，去處理父母和兒童或青少年間產生衝突的家庭。訪談中將「正向暗示」（positive implication）的概念運用於敘事工作的領域，並在「兒童保護」工作的合作上提供了新的可能。

　　本文首次刊載於麥克・懷特與艾莉絲・摩根（Alice Morgen）《說故事的魔力：兒童與敘事治療》（*Narrative Therapy with Children and their Families*）（杜維曲中心出版，2006）。（註1）

第八章
論倫理道德與表面的靈性
——麥克‧霍特（Michael Hoyt）與金恩‧康姆斯（Gene Combs）對麥克‧懷特的訪談

訪談中，麥克‧懷特探討了倫理與靈性之間的複雜性。麥克‧霍特與金恩‧康姆斯的訪談不同於其他，範圍包括了女性主義倫理、由下而上的可靠性（bottom-up accountability），以及「日常生活的小小儀式」（sacraments of daily existence）。最後以麥克‧懷特發展出的一個練習做為總結，強調治療師必須對他們的工作抱持有意識的目標與承諾。

本篇訪談首次刊載於 1996 年麥克‧霍特主編《構造性治療》（*Constructive Therapies*）第二輯，紐約州紐約市：吉爾福德出版（Guilford Press）。由吉爾福德出版授權再印。在 1994 年 7 月 16 日維吉尼亞州雷斯頓（靠近華盛頓特區）舉辦的「治療對話研討會」中進行了本次訪談，當時麥克‧懷特是主講人之一。麥克‧霍特是一名在加州執業的心理諮商師，由他所撰寫編輯的書籍眾多，包括《有些故事比其他要更好》（Some *Stories are Better than Others*）（2000）、《靈感、熱情與再生的治療師故事：愛和這一切有什麼關係？》（*Therapist Stories of Inspiration, Passion, and Renewal: What's Love Got to Do with It?*）（2013），以及《簡單治療與更多：故事、

語言、愛、希望和時間》（*Brief Therapy and Beyond: Stories, Language, Love, Hope, and Time*）（2017）。金恩・康姆斯是伊凡斯頓家庭治療中心（Evanston Family Therapy Centre）的共同主任（另一位是吉兒・佛瑞德門〔Jill Freedman〕），並合著有《符號、故事與儀式》（*Symbol, Story and Ceremony*）（1990）和《敘事治療：解構並重寫生命的故事》（*Narrative Therapy: The Social Construction of Preferred Realities*）（1996）。（註2）

註釋

1. 【編註】中文版由心靈工坊出版（2008）。
2. 【編註】中文版由張老師文化出版（2000）。

麥克·懷特與摯友大衛·艾普斯頓（David Epston）同為敘述治療領域之基礎創建人。身為治療師、教師、社區工作者與作家，麥克·懷特的理念與想法，一直以來給予了治療師許多啟發。

【第一章】

解構與治療

麥克·懷特　撰

為了避免造成部分讀者失望，在開始關於解構與治療的討論之前，我要先告訴大家，這篇文章的內容並不是要解構現行某個治療模式的知識與做法，或是解構任何一種治療模式的「運動」。在這篇文章中，我主要是想運用解構的框架來探討某些治療的方法。

我在執業生涯中最看重的，就是發生在治療情境中的種種，因此本文將先呈現幾個關於治療的故事。要強調的是，因為篇幅關係，這些故事都經過修飾，無法忠實呈現治療過程中反反覆覆與起起伏伏的狀況。因此，當初原本的治療過程並不像這裡描述得那樣簡單的。

伊莉莎白

伊莉莎白是位單親媽媽（註1），一開始是為了她十二和十五歲的兩個女兒來找我諮商。她對兩個女兒的態度感到憂慮，因為她們一直對自己抱持著敵意，經常發脾氣、暴力以對，顯然相當不開心。這些問題已經讓伊莉莎白難過了好一陣，並覺得自己永遠無法從這種沮喪中復原。因為兩個女兒不肯一同來看診，因此她是自己前來諮商的。伊莉莎白告訴我這些問題的時候，坦承開始覺得自己似乎對兩個女兒產生「恨意」，而這讓她變得更難過。

在與伊莉莎白討論她的問題時，我的第一個問題是，這些問題對於家庭成員的生活造成了怎樣的影響，介入家庭成員之間的關係到怎樣的程度。然後我再進一步細問，

這些問題如何影響了她對自己的觀感：她覺得這些問題反映出自己是個怎樣的媽媽？在扮演母親的角色上，她會怎樣下論斷？伊莉莎白流著淚表示，她覺得自己是個失敗的母親。因為這個表白，我開始理解到，應該有些祕密藏在伊莉莎白的人生故事裡。

我接著詢問伊莉莎白，認為自己是個失敗的母親，對她與兩個女兒之間的關係產生的威脅有多重大。她在回答這個問題時，細細道出自己因沒能提供「更理想」的家庭環境而承受的罪惡感，自己和女兒間脆弱而充滿歉意的互動，還有被女兒對自己的評價綑綁、束縛的感覺。

失敗感與伴隨的罪惡感對生活與親子關係所造成的一切災難與混亂，她都能夠接受嗎？還是如果自己的生活與親子關係，能夠脫離失敗感與伴隨的罪惡感的欺凌，會讓她覺得比較自在呢？回答這些問題時，伊麗莎白清楚而堅定地說，目前她和女兒間的親子關係已經無法維持，她應該要採取行動，對於自己的人生方向與親子關係的塑造，有更多的掌控。

我鼓勵伊莉莎白去探索當初為何會覺得自己是個失敗的母親、失敗的個體，並試著去了解罪惡感被激發的機制是什麼。什麼樣的經驗最容易讓她產生這樣的感覺？她覺得是女性比較容易覺得自己對不起孩子，還是男性？對於這個問題，她毫無疑問地覺得，是女性！

對於這些問題進行探討，可以引出伊莉莎白認為自己

是個失敗者的某些特定原因（例如前夫對她家暴的經驗）
^{（註2）}，以及其中的性別差異特性——這個更大範圍的結
構情境（例如不平等的社會結構會加強單親媽媽的失敗
感，以及我們的文化習慣於責怪母親的普遍現象）。

　　我們從很多方面去討論了伊莉莎白的失敗感對生活的
影響，以及關於這種失敗感的產生的一些相關細節。伊莉
莎白慢慢感覺到，自己的身分認同開始與這種失敗感有所
區別，失敗感不再是她認同的一部分。這樣的發展讓我們
能夠去辨別她的生活中還沒有被失敗感影響的部分。

　　我告訴伊莉莎白，我遇過很多女性來訪者，被各式各
樣的失敗感以及伴隨的罪惡感控制生活，這些女性都在類
似的情況下被失敗感所掌控。我透過告訴她這些，稍微催
化伊莉莎白在身分認同上進行區別的腳步。然後我告訴
她，我認為這樣的掌控並非絕對有效，也無法成功地全面
侵蝕這些女性的生活。我舉了一些例子：「有些女性藉由
與女性朋友之間的友誼來掙脫失敗感的影響，有些則對事
情可以有所不同不斷抱持著希望。」伊莉莎白的回應則
是，她發現她的確可以在生活中的某些部分抵抗這種掌
控。

　　我問伊莉莎白，她覺得這樣的抵抗在她的生活中帶來
的是正面或負面的發展。她認為這是一種正面的發展，於
是，我便又問了她之所以這麼相信的理由。在接下來的討
論中，我們發現，這些反映出她其實沒有完全臣服於這種

失敗感，而且她擁有挑戰罪惡感的掌控的決心。這讓伊莉莎白明白，自己的生活並沒有完全受到失敗所控制。

接著，透過一連串的提問，我鼓勵伊莉莎白去追溯這種抵抗的發展的歷程。在過程中，她意會到幾位曾在她過往人生出現的人物曾經看到她對抗不公平之能耐的發展。接下來的討論，伊莉莎白讓我們兩人都認識到，她其實可能成為什麼版本的自己，一個她明顯較為喜歡的版本。當這些不同的、她更偏好的自我版本，在我們的討論過程中從影子裡浮現出來，伊莉莎白便能比較容易讓自己的生活進入這樣的狀態。

等到伊莉莎白對於自己可能成為的另一種樣貌更有興趣的時候，我便與她討論，如果其他人也能夠開始認識這個新發現的自我樣貌，具有怎樣重要的意義。為此，我鼓勵她去想想，有誰是適合去檢視她的另一種樣貌的，也就是說，誰是能夠認可並肯定這個身分的人（註3）。然後我們討論了各種方式，看要怎麼將自己的另一種樣貌介紹給這些觀眾，要怎麼邀請他們回應伊莉莎白興致勃勃的新發現。

探索伊莉莎白其他樣貌的過程中，我問她，覺得自己有哪個部分是她身為母親所想要擁有的。在討論了一些細節後，我覺得應該要讓她的兩個女兒也認知到這點了。她準備好要告訴兩個女兒，自己已經發現了心中對女性和母親偏好的形象，並且之後也會常常提醒她們這些嗎？伊莉

莎白對這個想法很有回應，甚至感覺比我還興奮。我馬上告訴她，兩個女兒一開始可能不會對她「重獲自己的生活」所付出的努力感到同樣的開心與振奮。

伊莉莎白帶著決心離開，希望能讓大家更了解她真正的樣貌，並不再屈服於兩個女兒不斷的批評與監控。一開始，女兒們對於媽媽奪回自己生活的詮釋權反應很大。她們使出許多別出心裁的方法想要扭轉乾坤。但是伊莉莎白堅持到底，然後所有人的生活繼續向前邁進。她重新打造了與女兒之間的連結，兩個女兒現在變得比較熱愛生活，也不再暴力相向。伊莉莎白回報說，她們之間第一次產生了那種她理想中的母女關係。母女三人變得更為親密，能夠關懷對方，對於重要的事，也能夠互相討論。

艾美

二十三歲的艾美因為神經性厭食症前來求助。這個症狀已經造成她許多困擾，期間她也嘗試了很多方法試圖解決。首先，我和艾美一起討論了神經性厭食症對她生活的各個層面所造成的影響，包括社會、情緒、智能，當然還有生理。在討論的過程中，我們兩人越來越清楚地看到，神經性厭食症讓她很難在這些層面上好好表現。

然後我們花了一些時間，仔細探索神經性厭食症如何影響艾美與他人的互動。艾美不斷地拿自己與他人比較，而且根深蒂固地認為別人永遠都在批評自己。我覺得這算

意料之內。此外，這也讓她的生活罩上一層神祕的面紗，將自己與他人隔離起來。

神經性厭食症又是如何影響艾美對自己的態度與互動呢？這個症狀會讓她對自己做出什麼呢？不意外地，厭食症讓她對自己進行了嚴格的監控與管制，她對自己的身體進行改造，想要塑造出所謂「可接受」的樣子，「窈窕之軀」。只要稍有逾越，她便會狠狠地懲罰自己的身體。

而後我和艾美一起探討，究竟為什麼她會受到許多不同的做法、程序與態度的掌控，遵從因為人格上的性別差異而產生的「自我戒律」，以及階級式的與規範式的態度與關係來對待自己的身體。在探討的過程中，艾美開始認知到這樣的收編（recruitment），是透過家庭、文化和社會情境逐漸發展而成的。在接下來的討論中，這些態度、做法與情境，就具體化成為神經性厭食症。

治療過程讓神經性厭食症「現出真面目」，也讓艾美逐漸脫離這樣的狀態。神經性厭食症「賴以生存」的許多理所當然的做法與態度，已經無法代表艾美這個人的真實層面。艾美會願意繼續讓神經性厭食症掌控她的生活，繼續臣服於症狀的需求嗎？還是她會比較想挑戰症狀對生活的掌控，奪回自己主權，重獲生活呢？

艾美毫不猶豫地說，該是重獲自己生活的時候了。因此我們一起檢視了讓她之所以能夠對抗症狀的事實：反映出能夠抵擋神經性厭食症仰賴的「自我主宰」狀態所產生

的做法與態度。然後進一步辨識出各種帶有對抗厭食症的特質的發展或事件。（註4）

我讓艾美去評估這些反厭食態度的發展：她覺得這些是自己生活中希望發生且深具吸引力的發展，或覺得是微不足道、毫無吸引力可言的發展？艾美回應，認為這些是生活中樂見的發展。接著我透過對話，讓她描述為何覺得這些是自己希望的發展，又為何覺得是適合她個人的發展。

在艾美對這些反厭食的活動展現了更強烈的意願之後，我請她幫助我理解這些背後的根據或基礎。我也鼓勵她去思考，對於這些她所樂見的發展對她對於生活中重要事情的相信，有怎樣的影響。透過接連不斷的討論，艾美開始能夠完整表達出一個她偏好的自我形象，一個充滿了另一種人生智慧的樣貌。於是她的生活也逐漸融入了這樣的狀態。

在艾美開始表達並呈現另一種偏好的自我樣貌的同時，她也運用了不同的方法，讓其他人參與她重獲自我生活的計畫。根據我的觀察，「實地調查」（fieldwork）是這類計畫必須的一部分，所以便建議艾美採取這些步驟。我請艾美仔細想想，在所有認識的人當中，哪些人最容易接受她的新樣貌。（註5）她決定從一些「很遙遠」的朋友開始重新介紹自己，於是聯絡了好幾個多年沒聯絡的老同學。有了成功的經驗後，她便著手目前既有的社交網路，

包括原生家庭的成員，而且還邀請他們參與治療過程。在治療的情境中，這些家庭成員十足地認可並肯定了艾美偏好的生活宣稱，以及艾美脫離神經性厭食症的能力。

安妮與約翰

　　約翰與安妮是一對正要離婚的夫妻，為了子女監護權、探視權，還有財產分配等問題而頻頻爭吵，因此前來尋求治療。第一次會談才剛開始，他們就激烈地吵起來，只要一方提出任何意見，另一方就一定反對，偶爾雙方會偷偷地瞄向我的位置。過了一會兒，我打斷他們，謝謝他們如此公開地表達出對於對方的不滿，並且清楚地示範了兩人平常的溝通模式。

　　約翰與安妮頓了一下，然後又展開一場新的爭論。幸運的是，我又有機會打斷他們，向他們解釋說，我能夠從合理的角度去理解他們之間的關係現況，但不需要再繼續示範這樣的溝通方式。之後又兩次打斷兩人爭吵，約翰與安妮才似乎明白到這一點。

　　接下來的喘息時間中，我詢問他們，這種互動方式，也就是他們剛剛清楚示範過的狀況，對兩人之間的關係影響有多大？這種敵對模式，對於相互的觀感與相處產生怎樣的影響？而相互的觀感與相處，又對相互的反應產生怎樣的影響？敵對模式讓他們對對方做出了哪些違反理性判斷的事情？

在與約翰和安妮討論了敵對模式對於兩人關係所造成的影響之後，我問他們，這是不是他們偏好與對方相處的模式。他們覺得這種敵對模式很有吸引力嗎？這是他們與對方相處最好的方法嗎？這種敵對的相處模式是為他們兩人量身打造的嗎？他們覺得這樣的相處可以豐富他們的生活嗎？

兩個人都說，他們不喜歡這種相處模式，但兩人也都忍不住覺得對方好像樂在其中。既然約翰與安妮都宣稱，這不是他們喜歡的處理方式，所以我想，他們應該不是自己發明出這種方法的。

然後我鼓勵約翰與安妮向我說明，他們是怎麼被這種模式收編（recruited）的，以致於在特定議題上意見相左時會彼此敵對，同時，也鼓勵他們去釐清這種模式發展的歷程。他們過去曾在哪裡看到過這種模式的發生？一開始是怎麼學到用這些方法來對待彼此，是在什麼樣的情況下第一次看到這些方法的使用？這種模式通常會用在什麼情境下？什麼樣的理由最常被用來支持這種模式？他們是如何讓兩人的關係愈來愈深陷在這樣的模式中，並透過這種模式來持續？

在討論的過程中，約翰與安妮說出了自己採用敵對模式的經驗，然後開始發現兩人的關係不再被這種模式所掌控。他們可以從別的角度去思考兩人的關係了。我問他們，打算就讓兩人剩餘的關係照著這種模式繼續下去，還

是他們想要打斷這種模式，重新思考事情的發展方向，決定用另一種更適合他們的模式來處理兩人剩餘的關係？約翰與安妮的回答是，敵對模式耗盡了他們的生命，兩個人都希望能從這樣的桎梏中掙脫。

然後我們開始尋找能夠做為取回他們剩餘關係基礎的事物，嘗試辨認出一些還沒有被敵對模式所掌控的互動。例如這次的會談，就有好一大段時間都沒有讓敵對模式介入。約翰與安妮會比較滿意這樣的兩人互動嗎？他們是不是很開心有這樣的進展呢？還是他們比較喜歡過去那種自己熟悉的互動模式呢？

在兩人確認他們比較喜歡現在這種互動模式之後，我問約翰與安妮，覺得這樣的相處模式有什麼好處？為什麼覺得繼續這樣的發展會比較適合他們倆呢？接著，我提出了幾個問題，讓他們將現在這種較為正面的關係發展好好記錄下來。透過回答這些問題，約翰與安妮回想起他們在剛結婚的時候也有過和睦的時光。這對夫妻共同經歷了好幾次公平且令人滿意的紛爭調解。回顧兩人曾有過的和平相處關係，讓他們記起以前運用過的問題解決知識。雖然之後還是有些小狀況，不過這些知識讓他們最後順利解決了監護權、探視權與財產分配的問題。

羅伯特

羅伯特是因為對伴侶以及孩子的暴力行為，透過轉介

前來進行治療。家暴是最近才通報成案。羅伯特同意離開家人，相應的警方與法院裁量也正在進行中。

我們一開始的會談，主要討論的是羅伯特對於行使暴力應該擔負的責任[註6]，讓他認知到受害者承受的暴行，對於受害者生活的短期實際創傷與長期可能影響，還有決定他應該怎麼修復需要修復的責任。

接下來，我詢問羅伯特，是否已準備好和我一起探討男性暴力行為的狀況與特徵。得到他的同意後，我便提問了以下一連串類型的問題：

- 如果男人想要控制與支配他人，會在怎樣的結構與條件下去實行？
- 如果男人想要支配他人，尤其對象是女人或小孩，應該會是出於怎麼樣的態度？
- 如果男人想要他人成為自己的俘虜，尤其對象是女人或小孩，怎樣的權力策略或技巧可以達成這個目標？

我們在探討的過程中，談及了男性在征服他人時會特別會運用的方法與知識，辨識了男性用來計畫如何征服他人的技巧與策略，並研究了各種支持暴力行為的結構與條件。然後我請羅伯特思考，自己過去的行為運用其中的哪些態度，在塑造自己與他人的關係時，他主要是採取哪些策略，哪些條件與結構提供了他生活的框架。接下來的進

階討論主題，則是放在羅伯特如何一步步被這些態度、技巧與結構組成的生活空間所收編。

羅伯特現在要做的，就是對這些態度、策略與結構表達自己的立場。他要繼續讓自己的生活被這些男性存在方式的知識所掌控嗎？他認為一個人做為「權力的工具」、恐怖的工具，是合理的嗎？還想要繼續使用這些危害他人生活的策略與技巧嗎？在越來越了解自身行為所帶來的實際後果後，還覺得採用這樣的結構與條件做為自己生活的框架，是可以接受的嗎？

隨著治療工作的進行，羅伯特開始感覺到自己脫離了這些態度的束縛，也不再受到權力與控制的結構和技巧所掌控。之前對待女性與兒童的那些理所當然的熟悉作為，以及與其他男性相處的那些理所當然的熟悉方式，現在對他身為一個男性的角色來說，都不再是真實。羅伯特對抗自己的暴力行為，不再是對抗自己的「本質」，而且他現在有能力完全擔負起過去對他人造成傷害的責任。

羅伯特進入隔離的階段之後，我們發現到了許多特殊意義經驗（註7），在某些情況下，他的行為不會受到之前那些理所當然且熟悉的男性方式所掌控。我請羅伯特評估這些特殊意義經驗。覺得這樣的成果是他想要的嗎？感覺是正面的嗎？還是這些成果沒有意義？羅伯特認為這些成果是他想要的，於是我請他與我分享他為何做出這樣的結論。

在治療過程中，辨識出這些特殊意義經驗，能提供了一個入口來「考究」另一種讓人偏好的男性存在方式，也就是羅伯特正要讓自己的生活熟悉的知識。舉例來說，我鼓勵他去詮釋這些特殊意義經驗，認知有哪些男性的「存在」方式反映在這些成果中。羅伯特想起有一位叔叔和其他的家族男性很不相同。那位叔叔個性溫和、富於同情心。羅伯特後來去研究了這位叔叔，也因此對另一種存在方式的特質與知識有更多、更詳細的了解。

羅伯特的家人釋出強烈的訊息，希望能找到破鏡重圓的可能性（註8）。剛好羅伯特這時開始脫離那些將暴力行為合理化的態度與做法，同時又開始探索另一種讓人偏好的男性存在方式與知識，這正是一個召開家庭會談的好時機。（註9）羅伯特知道自己有責任保障家庭成員的安全，因此他同意採用一個必須的情境結構，以提供家庭成員無憂的會談環境。這些措施包括：a. 由伴侶與孩子指定的代理人（註10）參與會談，讓外人得知他必須擔負的責任與家暴的詳情；b. 迴避由家庭成員與指定代理人參與的每週保密會談（註11、12）；c. 與其他家庭成員合作，設計一個危機處理計畫，不讓任何家庭成員再度受到家暴的威脅。

經過一段時間之後，羅伯特把原本漫不經心又充滿控制欲的生活，變得讓自己與他人都感到溫馨、開放而直接。

家庭會談

　　諮商進行到一個階段時，治療師可以決定讓一直在單面鏡後面觀察會談的迴響團隊出來發表意見。治療師與家庭成員換到單面鏡後的位置，扮演起迴響團隊觀眾的角色。迴響團隊先向家庭成員自我介紹，然後開始分享他們對於家庭成員的反應，像是家庭成員做出的判斷或是感覺興趣、認為是他們生活與人際關係中比較樂見的發展。

　　迴響團隊的任務，是要像解讀謎團一樣去解讀這些比較樂見的發展，也就是只有家庭成員能夠理解的謎團。一開始，團隊成員的每一項觀察之後都會進行提問，讓家庭成員來說明這些發展，並思考這些發展的意義。團隊成員也會就這些發展互相提問，進一步深入探索。如此一來，家庭成員便能夠對之前他們可能疏忽的生活層面，有更深入的思考，並拓展對於自己生活的「了解與知識」。

　　接下來，團隊成員會開始詢問對方，為何會注意到某項發展。這些問題讓團隊成員運用自己個人經驗與想像力去進行迴響反思。然後團隊成員互相邀請對方說明自己反思背後的意圖是什麼。

　　然後，家庭成員與迴響團隊再度交換位置，治療師繼續與家庭成員討論他們對迴響團隊的看法，覺得對哪些評論和問題感到興趣，或認為直指核心，而哪些評論與問題則其實不相干。家庭成員開始陳述那些讓他們感到興趣的評論與問題時，治療師要請他們說明有趣的地方在哪裡，

他們對這些評論與問題有怎樣的理解與／或結論。然後治療師可以鼓勵家庭成員去思考評估，這些理解與結論能夠對他們的日常生活帶來怎樣的影響。

會談的最後，治療師會邀請家庭成員與迴響團隊詢問他對這次會談的感想，然後運用自己個人經驗、想像力與目標來進行評論與提問。

解構

在這些治療的故事中，我們描述了幾種反覆出現的做法。我相信大部分的做法都可以稱為是「解構的方法」，接下來將討論說明。

在開始討論解構之前，我必須先下個註解。我不是學者，比較貼切地來說，我是個治療師。所以我的觀點並不是從學術出發，這樣也讓我擁有一些自由，包括打破某些規定。舉例來說，我所謂的解構就不是根據德希達（Derridian）筆下的嚴格定義，同時也讓我能引用一些一般可能不覺得是屬於解構主義的著作。

就我這種較為鬆散的定義，解構是一種顛覆理所當然的現實與做法的過程，將那些所謂的「真實」從其產生的情境與條件中，從隱藏著歧視與偏見的空洞言語中，從掌控個人生活自我與人際關係的熟悉手法中，剝離出來。許多解構的方法會透過客體化（objectfying）來讓每天習以為常的熟悉現實與做法變得陌生。從這個角度來看，解構

的方法就是「將熟悉的事物陌生化」的方法：

> 社會學家若是選擇研究自己的世界中與自己
> 最靠近、最熟悉的層面，就不該像民族學家一樣
> 將陌生的事物熟悉化，而是，讓我調整一下這個
> 說法，將熟悉的事物陌生化。脫離他原本熟悉的
> 生活與思考模式，免得因為太過熟悉而感覺到不
> 夠清楚。事實上，朝向熟悉平常的世界移動的距
> 離，應該會等於朝向陌生異常的世界移動距離的
> 累積。（布迪爾 [Bourdieu]，1988，xi-xii 頁）

根據布迪爾的說法，透過將自己覺得熟悉而理所當
然的世界客體化，將熟悉的事物陌生化，可以促進自我
的「重新挪用」（reappropriation）。所謂自我的重新挪
用，我相信他主張的不會是本質主義的自我，也就是透過
重新挪用「找到」的自我。他說的應該是在將熟悉的世界
客體化的過程中，我們越來越容易意識到某些「生活與思
考模式」會塑造我們的存在，然後我們就能站在一個得以
選擇的位置上，用其他的「生活與思考模式」活著。

如果布迪爾的著作可以歸類成解構主義的話，也是從
特定的角度去解釋。布迪爾主要的研究興趣在於個人在社
會結構中的位置（例如在學術界），究竟受到個人在生活
中位置的影響有多大。

然而，我們也可以思考一下其他層面的解構：舉例來說，解構自我敘述與個人仰賴的主流文化知識，解構主流文化中自我與人際關係的做法，還有解構我們文化中的言語行為。

　　解構的前提，是立基在一般稱為「批判結構主義」（critical constructivist），或者我比較喜歡稱為「建構主義」（constitutionalist）的世界觀。從這個角度來看，個人的生活是由他們對於經驗的詮釋、在社會結構中的位置，以及被收編的自我與人際關係使用的語言和文化方法所塑造。這種建構主義的觀點，其實與心理治療主流的結構主義（行為反映出心智的結構）與功能主義（行為是為了達成系統的目標）觀點不太相符。

　　接下來的討論中，首先我會說明敘事的解構，然後是現代的權力解構方式，再來是言語行為的解構。不過我認同傅柯（Michel Foucault，1980）的說法：知識的場域就是權力的場域，權力的場域就是知識的場域。因此，意義與知識相關，方法與權力相關，所以我認為意義、結構與方法，在建構的層面上無法分割。

敘事

意義

　　個人的生活是由對自身經驗所賦予的意義所構成，這

樣的概念，讓社會學家開始探索有助於經驗詮釋的框架本質為何。許多社會學家主張，敘事或故事提供了詮釋與意義創造活動的主要框架。透過自己及人生敘事或故事，個人對自身的經驗進行了詮釋。這種概念主張，不只是故事決定了個人對經驗賦予怎樣的意義，故事也大大地決定了個人會選擇哪些層面的經驗來表達。同樣地，就像意義的創造會預先決定行動的走向，這些故事也會對個人生活的塑造產生實際作用。

這樣的觀點不應該跟「故事反映人生」、「故事是人生的鏡子」的概念混雜在一起。敘事隱喻的主張，是個人透過故事活出自己的人生，故事塑造了生活，具有真實而非想像的作用。這些故事提供了生活的結構。

在家庭治療的文獻中，有許多融合敘事隱喻與許多對話／語言學隱喻的例子。因為這些隱喻被運用在與既有的思考傳統完全不同的情境中，甚至會互相牴觸，所以接下來我會對敘事隱喻再多做一些說明，希望能讓大家清楚理解。

敘事結構

布魯納（Bruner，1986）在提到文本時，認為故事是由兩種全景所組成：「行動全景」（landscape of action）與「意識全景」（landscape of consciousness）。行動全景包括了：a. 連結在一起的事件；b. 特定的順序；c. 時間

的面向，也就是過去、現在與未來；d. 具體的情節。在文本中，行動全景提供讀者一個觀點，讓他們按照時間順序來理解事件的主題。

意識全景主要的構成，包括了故事角色自己的詮釋，以及讀者在受到作者邀請，進入角色的意識後所做的詮釋。意識全景的特色在於，角色與讀者是透過「反思」行動全景呈現的事件與情節而產生意義。觀點、思考、推斷、理解與結論支配了整個全景，其中許多方面都與下列相關：

a. 渴望的確定與角色的偏好。
b. 認知他們個人與人際關係特徵與本質。
c. 釐清他們的意圖，像是動機或目標。
d. 將角色的信念具體化。

這些渴望、特質、意圖與信念透過文本充分地演示之後，就會連結起來成為「承諾」，決定了生活中特定的專業，也就是「生活方式」。

如果認為文本結構與故事或敘事結構塑造出的個人生活具有一致性，又同意生活是由故事所構成，那麼接下來便可以思考，個人如何透過行動全景與意識全景活出他們的生活。

確定性

　　構成個人生活的故事或敘事，源頭是什麼？構成個人生活的故事幾乎不會是「突然」產生，不會是「天外飛來一筆」就編出來的。傳統上，與人格和關係相關、可用且合適的故事，都是透過社群團體，在社會結構和體制的情境中，以長久的時間慢慢建構、溝通而來。無可避免地，構成個人生活的故事一定具有其傳統的面向。

　　因此，這些故事一定是由主流文化知識進行架構。這些知識並非個人與關係「本質」的發現，而是呈現特定人格與關係的結構知識。舉例來說，如果在西方說到人格的主流知識，那就是高度強調個人化與性別差異的生存方式。

確定性中的不確定性

　　如果構成個人生活的故事會限制他們對經驗的詮釋，以及他們所選擇表達的經驗層面，如果這些意義對個人生活具有特定且真實的影響，那麼所謂的確定性力量就很強大了。而如果這些故事深具傳統意義，是透過社群團體共同發展出來，經年累月在特定體制與社會結構的情境中建構而來，那麼就會更加強化確定性的力量。

　　不過，雖然這些故事為生活帶來了確定性，也無法全面預防「活出的生活」中發生的任何狀況。對活出的生活來說，構成個人生活的故事就像文本一樣，充滿間隙與不

一致性，而且這些故事還常常會出現矛盾。去消弭這些間隙、不一致與矛盾，反而會為生活帶來不確定性。這些間隙、不一致與矛盾，可以讓個人主動去呈現出獨特的意義，或者用布魯納（1990）的說法，去「創造意義」。

因此，如果認為人生是由持續不斷的經驗／故事之敘述與重述所構成，這就是一個「確定性中的不確定」過程，也可說是格茨（Gertz，1986）提出的「具有生產能力的複製」：

> 美國文學評論家特里林（Lionel Trilling）引用十八世紀美學家的話語，提出一個衝擊、尖銳又讓人省悟的問題：「我們為什麼會從原創出發，最後卻得到複製的結果呢？」答案意外地讓人安心：這是一種具有生產力的複製。（380頁）

敘事的解構

外化的對話

如果要去解構那些構成個人生活的故事，我會建議來求助的來訪者，將問題客體化（範例可見：懷特，1984，1986，1989；懷特和艾普斯頓，1989）。客體化

的過程，是讓來訪者運用外化而非內化的對話，來處理他們發現的問題。外化的對話（externalizing conversations）會產生一種對立語言（counter-langusge），或如艾普斯頓最近提出，「反語言」（anti-language）。

外化的對話會「將熟悉的事物陌生化」，讓來訪者認知到自己個人的故事，以及構成他們生活的文化知識，認知到引導他們的生活、呈現他們的身分認同的那些故事與知識。外化的對話會幫助來訪者，隨著時間慢慢揭開自我與人際關係的構成。外化的對話一開始會先鼓勵來訪者敘述生活中的問題對他們造成的影響，包括了情緒狀態、家庭與朋友關係、社會與工作層面等，另外更強調對他們自我與人際關係的「觀點」造成怎樣的影響。然後會請來訪者將這些觀點或角度對他們的生活，包括與他人的互動，所產生的影響記錄下來。接著多半會探討來訪者被這種觀點收編的原因與過程。

在進行外化對話的過程中，來訪者的個人故事漸漸無法呈現他們的身分認同與人際關係的真實，這些個人故事不再束縛他們的生活。來訪者會因此脫離這些故事。在這樣的隔離階段，來訪者便能夠自由地探索其他較為想要的身分認同和知識，與其他較為偏好的生活方式。

特殊意義經驗與其他的故事

這些其他的知識是如何產生與／或恢復的呢？要怎麼

進入這些可能的其他身分認同呢？來訪者脫離了構成他們生活的主流或「整體化」故事之後，就比較能夠將自己帶入與這些知識矛盾的經驗層面中。這種矛盾一直都存在，而且數量眾多、型態各異。之前我採用社會學家高夫曼（Goffman）的說法，將這些矛盾稱為「特殊意義經驗」（懷特，1988a，1989；懷特和艾普斯頓，1989）。正是這些矛盾讓我們得以通往個人生活中其他的領域。

要讓事件產生特殊意義經驗，就必須先經過生活與事件相關的來訪者認證。來訪者認知到這些可能產生特殊意義經驗的事件後，很重要的一個步驟，就是去評估這些事件。這些事件對他們來說重要嗎？還是不具什麼意義呢？這些事件是不是他們想要的結果呢？來訪者會受到這種發展的吸引嗎？會對伴隨著事件出現的新機會感到興趣嗎？如果這些事件被認為是他們想要的結果，那麼可以讓來訪者接著說明為什麼他們覺得如此。

在確認來訪者肯定了特定的事件，並判斷他們是重要且比較想要的特殊意義經驗後，治療師就可以透過類似解讀謎團的方式，去解讀這些特殊意義經驗，促進其他故事的生成與／或恢復。來訪者必須對治療師感到好奇的部分做出回應，才有辦法讓治療師解讀這樣的謎團。來訪者在揭開謎團的同時，也馬上進入了故事敘述與意義創造的過程。

為了進入這個我稱為「重寫故事」（re-authoring）

的過程，治療師可以提問各式各樣的問題，包含了與「行動全景」和「意識全景」相關的部分。（註13）行動全景的提問，是讓來訪者依照特定情節與時間順序去排列這些特殊意義經驗。意識全景的提問，則是讓來訪者思考並決定這些在行動全景中產生的發展有何意義。

行動全景的提問

行動全景的提問可以包含過去、現在與未來，並能有效帶出橫跨這些時間面向的其他全景。接下來的討論中，因為篇幅有限，我主要會將焦點放在恢復與產生其他歷史全景的提問，以及讓「特殊意義經驗」產生歷史意義的提問上。不過，我舉的例子中也會出現一些與未來相關的行動全景提問。

讓特殊意義經驗產生歷史意義的提問，特別能夠帶出其他的行動全景。這些問題會讓現在偏好的發展與過去進行連結，將特殊意義經驗按照特定的事件與時間順序進行排列，讓來訪者認知到特殊意義經驗的發展歷史。通常這些問題會幫助來訪者編寫出其他行動全景的發展歷程，並連結與預想到原本構成來訪者生活、「充滿問題」的主流故事與它的行動全景。

行動全景的提問可以著重在最近發生的特殊意義經驗上，也可以放在較早發生的特殊意義經驗上。著重最近發生的特殊意義經驗的行動全景提問，通常會和目前的狀態

最為相關：

- 你是怎麼讓自己準備好可以進行這個步驟？在這一步之前你做了哪些準備？
- 在進行這個步驟之前，你曾想要退縮嗎？有的話，是如何讓自己繼續下去？
- 從現在這個制高點回頭看，你覺得自己做了什麼才能夠達到現在的成果？
- 可以詳細說明一下背景嗎？這項結果是在甚麼樣的狀態下達成？有獲得任何人的幫助嗎？有的話，你會怎麼描述？
- 你那時候在想些什麼？會給自己不同的建議嗎？你是怎麼為自己打氣，好撐過這個情況？
- 在你的生活中，有哪些其他方面的發展有助於這項結果的達成？你覺得這些發展是怎麼幫助你進行到這個步驟的？

治療師可以鼓勵其他人一起來幫忙產生／恢復其他偏好的行動全景，包括了來訪者所屬社群團體的成員，他們在過去曾參與來訪者生活主流故事的溝通與散布，所以會特別有幫助。舉例來說，家庭中的其他成員便會對其他行動全景，產生重要而真實的影響。

- 你覺得你的父母如何同心協力面對這樣的危機？
- 你覺得從哈利最近的哪些行為，可以看出他能夠進行到這一步？
- 你看到莎莉是怎麼一步步達到這個目標？你會怎麼從這方面去理解她如何做好準備面對一切？
- 可以告訴我，你兒子生活圈的發展狀況如何？有人幫助他嗎？用什麼方式幫助？

下面列出的問題範例，則是可以帶出較早發生的特殊意義經驗。這需要認知到與特殊意義經驗較沒有直接關係的事件與經驗。就和帶出最近發生的特殊意義經驗一樣，讓來訪者所屬社群團體的成員，也就是曾經參與了來訪者主流故事的溝通與散布的人，在這個重寫故事的過程中成為共同的作者，一起對抗原本的敘述，會特別有幫助。

- 可以說說看你曾經做過哪些事，讓我了解你是如何累積到現在這一步？
- 你是否覺察到過去的成就，以某種方式成為現在發展的背景基礎？
- 到目前為止的人生中，你有看到任何讓你有一點點感覺會成為機會的事物嗎？
- 我想對這樣的發展了解更清楚一點。你在年輕的時候，有注意到自己做了或想了什麼，讓你深深感覺到

不久之後你的生命中會出現這樣的發展嗎？請想想看你兒子最近的狀態，回想一下你對他生活的認知。從事後的角度來看，你有想到任何跡象，讓你感覺到會發展成現在的情況嗎？

- 看來瑪莉和喬伊最近演變的狀態，是因為他們一直默默再努力挽回兩人之間的關係。你有覺察到他們兩人的努力嗎？如果有的話，線索是什麼？

以上範例只是一小部分的提問，能讓來訪者參與其他行動全景的產生／恢復。我相信，還有許許多多問不完的問題可以帶來這類與來訪者的互動。舉例來說，我們可以用提問帶出來訪者生活中近期或早期發生，後來演變成目前特殊意義經驗的事件。

來訪者開始能夠敘述其他行動全景中偏好的事件，能更深入地依照特定的時間順序來排定或連結這些事件之後，就可以鼓勵他們明確地將這些排好順序的其他情節或對立情節加以命名。其他情節或對立情節的命名非常重要，因為：a.命名會讓來訪者深刻地感覺到他們的生活朝著偏好的方向前進；b.確立事件或經驗的意義，以免受到忽略或認為不夠重要；c.能夠將治療間隔期間發生的事件，在治療時好好進行篩選與連結；d.讓來訪者明白他們比較想要的生活方向下一步會是什麼。

其他情節或對立情節通常會很自然地在治療過程中進

行命名。如果一直沒有命名，治療師可以運用提問，鼓勵來訪者同時也去敘述之前的主流情節。透過這些問題，原本擔心「失去人際關係」（之前的主流情節）的來訪者，可能會發現其他行動全景的發展所呈現的是他們正在「重新獲得人際關係」（其他情節或對立情節）。覺得「自我忽略」嚴重影響了生活（之前的主流情節）的來訪者，可能會認為其他行動全景的發展反映出自己正在進行一種「自我養護的計畫」（其他情節或對立情節）。

意識全景的提問

意識全景的提問^{（註14）}讓來訪者去探討透過其他行動全景所呈現出的發展樣貌，並決定這些發展呈現的意義：

- a. 比較想要與渴望的本質
- b. 各種個人與人際關係本質的特徵
- c. 意圖狀態的構成
- d. 比較認同的信念成分
- e. 承諾的本質

意識全景的提問鼓勵去敘述並呈現其他的偏好、渴望、個人與人際關係的特質，以及意圖狀態與信念，這些會在生活中累積成一種「重新修訂（re-vision）」的個人承諾。^{（註15）}透過意識全景意義的呈現，「來訪者的信

念與渴望變得非常連貫且組織完整，足以稱為『承諾』或『生活方式』，而這樣的連貫性可以視為『人格』的特徵。」（布魯納，1990，39頁）

以下列出的問題只是意識全景提問其中一部分的範例。這些問題會讓來訪者去思考在近期或早期發生的行動全景中產生的發展。

- 我們來回想一下最近的發展。關於你的品味、喜歡的事物、吸引你的事物，有什麼新的結論嗎？
- 這些發現怎麼讓你知道對自己生活的渴望？
- 我知道你對瑪莉生活中轉折點的背景有比較多的了解。這對你看待她這個人的形象有怎樣的影響？
- 你會怎麼形容自己早前的人際關係特質？就是你在困境中仍然想要支持對方的時候。
- 這些發展讓你知道哪些人格特質比較適合你？
- 在更完整地認知到這項成就之後，你覺得哈利對自己生活擁有怎樣的意圖？
- 我們兩人現在似乎都比較清楚你為了這一步做了哪些準備。這讓你對自己的動機或是自己的生活目標有怎樣的理解？
- 過去的這些困頓掙扎告訴我們，珍覺得生命中最重要的是什麼？她自己的立場是什麼？

來訪者在回答行動全景與意識全景的問題時，他們算是重新再經驗了一次，也「重新敘述」了自己的生命故事。自我與人際關係的其他知識就此產生與／或恢復，來訪者開始能夠進入其他的生活與思考模式。在重寫對話的整個過程中，治療師扮演了中心的角色，防止讓對話過早回到主流敘述，免得讓特殊意義經驗被認為只是自我辯解的說詞。

經驗的經驗提問

經驗的經驗提問（懷特，1988b），可以讓生活與人際關係的重寫有效進行。而且比起鼓勵來訪者直接去思考他們的生活，這樣的問題可以得到更多答案。這些問題是讓來訪者把自己當成或想像成另一個人，從對方的角度來觀察並敘述自己。以下是經驗的經驗提問的做法：

a. 讓來訪者深入自己生活經驗的累積，從隨著時光流逝而遺忘或忽略的層面來進行表達。
b. 以構成自身其他經驗的方式來運用想像力。

以下會列出經驗的經驗提問的範例。在這些範例中，會先針對其他的行動全景來提問，然後是其他的意識全景。第三步的範例問題，則是讓來訪者帶出這些行動全景與意識全景未來發展的「祕密特質」。

當然，這些問題並不會如此密集地去提問，而是透過對話的情境來進行。每一個問題都會依照前一個問題得到的回答做出細微調整。

a. 如果我在你年輕的時候就認識你，你覺得我那時看到的你，可以讓我了解到你是怎麼達到現在這樣的成就嗎？你覺得當時的你，可以讓我明白你對自己生活的渴望，還有你在生活中進行的各種嘗試嗎？

• 你覺得認識年輕的你，會如何影響到我對你這個人的看法？

• 你覺得認識年輕的你，可以告訴我你最珍視的是什麼嗎？

• 如果你在接下來一、兩週牢記自己的這種形象，會對你的生活造成怎樣的影響？

b. 所有認識你的人當中，誰最不意外你會願意去挑戰生活中的問題帶來的影響？

• 他們在過去看到你的哪些作為，會聯想到你能夠因此在生活中達到現在這樣的成就？（註16）

• 你覺得當時的作為讓他們認知到你具有怎樣的能力？

• 他們會覺得你現在做了這件事，目的是什麼？你覺得這會告訴他們你是怎樣的一個人？你相信什麼最為重要？

- 如果你對自己有更全面的了解，你會採取怎樣的行動？

c. 我想要了解這項成就的基礎是什麼。所有認識你的人當中，誰會對這樣的基礎了解得最詳細？
- 他們要從哪裡看出，你最希望獲得的是人生中的哪一種發展？
- 他們對你建構這些基礎的意圖會有怎樣的看法？
- 這樣的基礎會告訴他們，你最適合的生活方式是哪一種？
- 如果你能更堅持另一種的自我樣貌與生活型態，那麼你現在的日常生活會有怎樣的不同？

　　以上的問題只是示範如何進行提問，以便根據偏好的故事來重寫生活。還有其他許多問題可以選用，像是可以帶出意識全景未來發展這類的提問結構。這種問題會讓來訪者去思考其他行動全景未來可能發生的事件。舉例如下：

- 如果你真的採取了這些行動，那麼該如何與你所偏好的樣貌與觀點進行印證與延伸？

　　之後也可以再進一步用行動全景的問題來提問。舉例

如下：

- 印證了這個觀點之後，會對你的生活方式產生怎樣不同的影響？

其他結構

在塑造適合的問題時，治療師如果採用其他結構的知識會很有幫助，像是人類學、戲劇與文學等。舉例來說，有時特殊意義經驗呈現出的轉捩點，很難在之前的歷史中尋找到脈絡。在這種情況下，可以鼓勵來訪者用「通過儀式」的架構來詮釋特殊意義經驗，這種架構是將生命的轉化分成隔離、過度與重新統合三個階段（范傑納〔 van Gennep〕，1960）。

遇到這種情況的另一種做法，則是用「社會戲劇」的架構來詮釋特殊意義經驗，這種架構是將生命的轉化分成穩定、破裂、危機、修正與新的穩定幾個階段（透納〔 Turner〕，1980）。

若是採用文學的結構，因為我發現動機的重新修訂，能夠恢復其他的故事與知識，讓來訪者感覺到特別的「自由」，所以我通常會採用伯克（Burke）的動機解構做為治療的結構：

調查的生成原理中會用到五個詞彙，那就是

行動、場景、執行者、媒介與目的。一個完整的
動機聲明，必須指出行動（實際發生的行為或想
法），還有場景（行動發生的狀態與背景）。另
外還必須指出採取行動的人（執行者），運用的
方法或工具（媒介），以及目的 ⋯⋯。任何完整
的動機聲明都會包括這五個問題的答案：發生了
什麼（行動），何時或何地發生（場景），誰做
的（執行者），怎麼做（媒介），以及為什麼
（目的）。（伯克，1969，xv 頁）

運用經驗的經驗提問內容來思考過去產生的其他動
機，就能夠得到特定的行動、場景、執行者、媒介與目
的。(註17) 這對理解過去人格與人際關係其他知識的發展
「非常有幫助」。運用這種結構塑造出的一連串提問示範
如下：

a. 好的，所以梅維絲阿姨最可能覺得你可以做到這件
事。舉個例子給我，她曾經看到你做了什麼，覺得你
有能力獲得現在這樣的成就？
b. 她會怎麼敘述當時的狀態？
c. 她注意到當初有誰也幫了你一把嗎？
d. 如果要她敘述你是怎麼做到的，你覺得她會怎麼說？
e. 會認為你做這件事的目的是什麼？你覺得她會怎麼認

知你對自己生活的意圖？

討論

　　雖然解釋起來有點麻煩，但我還是想強調，行動全景
與意識全景的提問不是只能用在了解過去。這些問題會讓
特殊意義經驗產生意義。我在這裡說明的重寫過程，也不
只是單純的「指出正面優點」。這種方法能夠讓來訪者主
動解開治療師無法解決的謎團。

　　我在運用布魯納（1986）的理論來教導治療方法
時，通常會告訴治療師去想像一道拱門。拱門在歷史上的
發展相對較晚[註18]，是運用精密順序排列的楔形石塊來
發揮優秀的承重功能。每一塊石頭的位置都很獨特，環環
相扣。因為有這塊石頭，兩邊的石頭才會放在現在的位
置，也因為兩邊的石頭放在這樣的位置，這塊石頭才會放
在現在的位置。

　　行動全景可以看成一道拱門，特殊意義經驗則是一塊
塊的楔形石頭。石頭存在的位置是依照時間先後，根據特
定的事件分類與順序來決定的，並且與時間前後相接的事
件形成特定的排列。以特殊意義經驗為主所進行的提問，
能夠深入地挖掘出這一連串事件特定排列方式的細節。

　　在第一道拱門上還有第二道拱門，也就是意識全景。
第二道拱門會透過反思，來回與第一道拱門的行動全景進
行互動。

【故事‧解構‧再建構：麥克‧懷特敘事治療精選集】

也許我所敘述的方法，也就是對構成個人生活的故事與知識進行解構，其實和德希達（1981）解構文本的方法沒有那麼地不同。[註19]德希達的意圖是顛覆文本，挑戰特定知識的優勢，「解構對立，在適當的時刻推翻階級制度」。為了達成這個目標，他發展出的解構方法如下：

a. 帶出文本中隱藏的矛盾，讓被壓抑的意義，也就是「隱而不現」[註20]之處，顯露出來。

b. 突顯「另一邊」的知識，也就是被認為是次要、衍生而無價值的部分。

權力的運作

傅柯的著作有一大部分都是在分析「權力的運作」，也就是現代「主體」建構的方式（傅柯，1978，1979）。他從十七世紀「人民管理的藝術」開始探討起，詳細研究了許多深具吸引力的自我與人際關係運作方式。透過這些方式，個人依照主流的想法去塑造自己的生活，所以這些方式可以看成是社會控制的技巧。

建構的權力

傅柯（1980）的概念是，現代權力的特徵與影響具有建構性或「積極性」，而不是壓抑性或「消極性」。不是一種仰賴禁止與限制的權力。

傅柯沒有強調現代權力形式的中心機制具有強迫性或限制性，他認為中心機制具有生產性，個人的生活事實上是透過這種權力形式建構或製造而成。根據傅柯的說法，這種權力形式的運作充斥在個人的生活，而且在生活最深的層次不斷生成，包括了姿態、渴望、身體、習慣等等，他將這樣的運作形容成是一種「馬術訓練（dressage）」（傅柯，1979）

基層政治

傅柯想從微型層次及社會圓周的角度來解析權力的運作：臨床、監獄、家庭等等。他認為，權力的運作是在這些基層地點發展完備，所以權力才會擁有全面性的效果。他也主張，權力的運作在這些基層地點最為明顯可見。

因此對傅柯來說，現代的權力系統是偏離中心、「從下往上」，而不是集中地從上往下。於是他主張，如果要轉變社會的權力關係，就必須從基層的權力運作——也就是被視為理所當然的日常社會運作——來著手。

權力的技巧

透過研究這些讓政治運作發展完備的組織機構，傅柯（1979）認為邊沁（Bentham）的圓形監獄（Panopticon）是這種權力形式的「理想」模型，因為：

權力的技術（technologies of power），會決定個人的行為，運用某種支配手段讓他們臣服，將主體變成客體。（傅柯，1988，18頁）

我在其他文章中討論過傅柯對這個模型的分析（懷特，1989）。這個模型建立了一個權力系統，其中：

- 遭受最多權力壓迫的人反而感受不到權力的源頭。
- 每個人在受到支配的經驗中都處於孤立狀態。
- 個人會受到「凝視」與「正常化的判斷」。
- 個人無法決定何時會或不會受到監視與控制，因此只能當作隨時都會受到監控。
- 鼓勵個人隨時評估與監控自我，同時改造自己的身體與靈魂，馴化自我。
- 權力是一種獨立自主的存在，用權力去支配他人的人，其實是權力的「工具」。

傅柯對於圓形監獄的分析，敘述了這種現代權力系統的機制與結構，其實是收編個人，使他們合作地交出自己的生活，將自己的身體客體化，「自願」去管理或監控自己的生活。這種現代權力系統的機制對個人的收編，傅柯稱為：

自我的技術（technologies of the self），允
許個人運用自己的方式或藉由他人的協助，對自
己的身體與靈魂、思想、行為和存在方式進行改
造，讓自己轉化進入一種快樂、純淨、聰敏、完
美或永生的狀態。（1988，18頁）

策略

　　然而，這樣的合作幾乎不會是種有意識的現象。權力
的運作會進行假裝或掩飾，因為運作的方法是根據所謂
「真實」狀態的規範。權力的運作與某些建構特定真實的
知識相關，其設計就是用來產生特定且「正確」的結果，
例如生活就應該是「圓滿」、「自由」、「理性」、「清
楚區別」、「獨立」、「自制」、「自給自足」等等。

　　對於「渴望」的存在方式的敘述，事實上很抽象。傅
柯認為，這些都只是假裝好像有什麼在發生的策略。這些
主流的論述其實是在規範個人的生活與人際關係，正確的
結果則是規定存在方式的特別存在方式。

　　因此，現代權力的運作，如傅柯所述，具有特別隱密
而強大的力量，讓個人急於臣服在這樣的運作之下，交出
自己的生活，運用權力的技巧去進行改造，包括自己的身
體與姿態，以符合某種「真實」。對於這種真實建構出的
存在方式，處在當中的人不會看成是權力造成的影響，而

會以為是其他像是圓滿或自由之類的價值造成的影響。

討論

　　許多人無法接受權力的分析，因為分析的結果會發現，我們認為是自由意志表達的許多個人行為模式或面向，或者我們認為是越界的部分，其實並不是像一開始呈現的那樣。事實上，這樣的分析會告訴我們，我們許多的行為模式，反映的是自己合作地在對自己和他人的生活進行控制或監視。我們成為了權力的共犯，按照文化的主流知識去形塑自己的生活。

　　在對「權力的技術」與「自我的技術」進行分析時，傅柯並不認為這些就是權力唯一的面向。事實上，他把權力的領域劃分成四種技術：生產的技術、符號系統的技術、權力的技術，與自我的技術（傅柯，1988）。

　　雖然我在文章中運用傅柯的理論，強調現代權力「積極」系統的技巧，但我也相信其他對於權力的分析，像是布迪爾（Bourdieu）對權力社會系統結構的想法，與這些結構對於個人生活狀態所建構的影響，就是治療師極可能每天都需要面對的情況與考量。

　　權力領域的其他考量，還包括代表早期主權系統的某些結構依然具有作用，以及我們的文化中充斥的組織不公問題（不論是結構本質，或是與機會不公相關的部分）。

　　事實上，在分析邊沁的圓形監獄時，傅柯就提到了運

作中心的結構。從不公平的角度去思考這個結構的意含，我在其他文章中有提到，在我們的文化中，男性比較會成為正常化凝視的「工具」，而女性比較會成為被凝視的對象（懷特，1989）。也有其他作者提出類似的觀點（例如海爾—馬斯汀〔Hare-Mustin〕，1990）。

權力運作的解構

在治療過程中，將熟悉且理所當然的權力運作客體化，就能有效解構權力的運作。透過與來訪者的外化對話，對權力的運作進行討論，便可達到這樣的目的。揭開權力運作的真相後，來訪者便可以站定立場，抵抗權力運作在他們的生活與人際關係中所造成的影響。

外化的對話是讓來訪者去敘述權力運作在他們生活中所造成的影響。在對話的過程中，會特別去強調權力運作怎麼規定來訪者與自己的關係，以及來訪者與他人的關係。

透過外化的對話，來訪者能夠：

a. 認知權力運作如何建構他們的生活與他人的生活；

b. 辨識出那些被認為會消耗自己與他人生活的自我與人際關係運作；

c. 認知自己被收編的程度，如何監控自己的生活，以及如何參與監控他人的生活；

d. 探索基層關係政治的本質。

透過外化的對話，來訪者不再感覺這些運作可以代表他們與自己，還有與他人之間真正的關係。他們不再覺得自己的存在與這些運作相符，開始感覺到和這樣的運作方式產生疏離。然後來訪者便能夠發展出其他較想要的自我與人際關係方式，也就是對立的運作方式。在治療過程中，我常常和來訪者一起挑戰各種權力的運作方式，其中包括：

a. 自我的技術：依循規定的存在方式（包括按照性別差異的知識，用各種手術去改造身體），規範身體、靈魂、思想與行為，讓自我受到完全的掌控。
b. 權力的技術：透過孤立與監視，還有持續評估與比較等技巧去掌控他人。

我也會和來訪者一起探究在社會結構形式的權力場域中，特定的生活狀況所受到的建構性影響，進而解構特定的生活與思考模式。來訪者之後通常都能因此抵抗這些影響以及不公平的結構。

範例

也許我們現在應該要回到艾美與羅伯特的故事。艾美

受到自我管理的某些運作收編，也就是「自我的技術」。
她認為這樣的運作是一種自我控制，能夠讓她的生活轉化
成可以接受的型態，對她來說這就叫圓滿。她掌握自己生
活的控制權，卻把這樣的行為理解成解放的行動。

在艾美進行了外化的對話，了解到神經性厭食症對她
的生活真正的影響之後，她開始辨識出隱藏在神經性厭食
症中，許多自我管理的運作，包括對於身體的規範，以及
對於自我的要求。厭食症不再能解救她。策略被破解了，
權力的運作也露出真面目。艾美不再繼續接受自我運作方
式的掌控，而感覺到需要脫離。神經性厭食症不再是她認
同的對象。艾美現在能夠採取新的行動，進一步顛覆由神
經性厭食症建構的現實。並探索其他較偏好的自我與關係
運作方式。

對羅伯特來說，沒有受到檢驗與質疑的知識、運作方
式或說是「權力技術」，提供暴力行為情境的結構與條
件，都是理所當然的生活與思考模式，反映出事物的自然
順序。當運用外化的對話分析了這些知識、運作、結構與
條件，比對自己與他人的生活所承受的真實影響，於是便
脫離了這種生活與思考模式的掌控。他不再認為這種運作
模式是男性「自然」對待女性與兒童的方式了。

然後，以某個特殊意義經驗為契機，羅伯特開始「考
察」並展現了其他較偏好的人際關係模式。在這同時，他
也開始挑戰支持男性暴力行為的結構與條件。

知識運作

在專業的領域中，語言運作與技巧的發展已經成功地讓大家認為，專業知識呈現的就是這個世界的「真實」。這些技巧讓大家相信領域中的成員對於現實與人性都具有客觀、無偏見的看法(註21)：

> 這就是說某些講者，受過特別技巧的訓練，因為心智強大到可以看透真實，於是對超過他們個人經驗的事情，也具有以權威角度開口的特權。（帕克和沙特〔Parker & Shotter〕，1990，7頁）

因為語言的運作而伴隨的說話與寫作方式，被認為是理性、中性、值得信賴，強調的是權威敘述與客觀專業觀點。這種運作方式讓表達出來的角度與觀點是脫離講者與作者本身的。講者與作者知識的呈現，無法讓聽眾或讀者明白專業觀點產生的條件背景。

口說與書寫建立起「全球性專業知識」的敘述（傅柯，1980），掩蓋了與這種特權相關的歷史爭鬥，包括與之相對的其他各種理論。全球性專業知識很難去質疑或挑戰，因為建構這些知識的語言運作，包含了能夠應對與其社會／政治／歷史情境相關問題的內建指令。

無法得知批判的資訊，聽眾／讀者便處於一種「懸置

（suspension）」的狀態。他們擁有的資訊不足以讓他們順利「處理」獲得的觀點，這會大幅減少他們可能產生的反應的多樣性。聽眾／讀者只能相信這些專業知識，或是因此質疑，但無法展開不同觀點之間的對話。

至於專業領域的成員，因為理解到自己是靠著客觀知識在運作，這樣的立場讓批判思考根本無法成為一種選擇。於是他們便能避免面對知識運作中與倫理道德相關的問題：

> 一個對自身源頭無法批判思考的敘述，那麼除了研究者與研究主題之間具有未經分析的利益關係之外，就不可能出現其他原則了。（布迪爾，1988，15頁）

這個世界開放、模糊、短暫、變動的本質，被這些真實的論述轉換成封閉、確定、固著、不變。其他口說與書寫的方法都不見了，或者應該說變得弱勢，幾乎都被排除在外。這些「弱勢」的口說與書寫方法，只有在以「適當」的方式附屬於主流口說與書寫方式之下，才會被注意到。

知識運作的解構

希望能解構專業知識的治療師，可以把自己當作是其

他偏好知識與運作的「共同作者」，一起建立起一個情境，讓求助的來訪者能夠成為這些知識與運作的主要作者。某些從這個角度去建立的「治療」方法，就完全不會減少各種可能性。我與艾普斯頓在其他文章中曾經討論過這些其他的治療方法（例如，艾普斯頓和懷特，1990；懷特和艾普斯頓，1989）。

治療師可以透過持續邀請來訪者來協助他們理解各種狀況，以解構所謂治療師最能夠看透真實的假象。讓來訪者知道，治療師在治療過程中的作用深度，是要仰賴來訪者對於治療經驗的回饋的。我們發現，來訪者的治療經驗，對治療的引導方式來說非常重要，因為這是治療師唯一可以知道哪些治療互動有效、哪些沒有效的方法。

如果想更進一步去解構，那麼治療師可以詢問來訪者，為什麼對話時產生的某些想法，會比其他想法讓他們更有共鳴？來訪者為什麼會覺得某個觀點、理解、結論等等具有重要意義或是對自己有幫助？為什麼偏好的結果或個人的生活方式，都會和這些特定的觀點、理解、結論等相關？

治療師如果希望顛覆專家一定比較專業的概念，可以不斷鼓勵來訪者去評估治療對他們的生活與人際關係產生什麼樣的真實影響，自己判斷這些影響在哪方面是比較樂見的影響，哪方面是比較不樂見的影響。評估所給予的回饋，可以讓治療師直接面對治療中與倫理道德相關的問

題。

　　治療師可以邀請來訪者反問自己一些關於諮商過程的問題，破解治療師一定能夠客觀公正地敘述事實的概念，不要讓來訪者被這一類的想法所束縛。如此一來，治療師就可以進行解構，並將自己的反應（包括問題、評論、想法與意見）納入自身經驗、想像與意圖狀態的情境中，用具體化的方式表達出來。這可以稱為治療系統中的「透明」（transparency）（註22）狀態，營造出讓來訪者更有能力自己決定該怎麼看待治療師反應的情境。

　　如果治療師邀請了迴響團隊（註23），那麼在治療結束時，可以讓迴響團隊與來訪者一起對治療師提出關於這次諮商的問題。除了可以詢問治療師為什麼會做出某些反應之外，團隊成員也可以研究治療師在會談過程中對於治療的真實狀況有怎樣的想法。

　　這種解構與具體化的治療手法，也可以應用在迴響團隊的反應上。長久以來，結構主義與功能主義真實論述的運作相到受到精神治療重視，迴響團隊成員可能會因此感到沮喪，然而，又因為可以針對被家庭成員視為比較樂見的那些發展做出反應，或是去思考哪些發展可以成為較為樂見的發展，而感到開心。（註24）之後，迴響團隊成員可以互相詢問對方的想法，將之納入自身經驗、想像與意圖狀態的情境中。來訪者能夠擁有的選擇與做法，便透過迴響團隊成員知識的個人化擴展到最大。

迴響團隊成員反應的解構可以透過以下的提問來進行：你注意到了什麼？為什麼會引起你的注意？為什麼讓你產生這麼大的反應？（註25）你是怎麼決定要對此提出評論？

治療方法的透明化能夠破解一般人接受的看法，不再認為治療如果要產生預定的效果，就不能揭露治療的運作方式，也不再認為如果來訪者知道治療師的想法，治療就不會有效。我在和來訪者一起探討治療過程中發現，他們通常都會認為，治療師和迴響團隊用具體化的方式表達出反應，對他們生活中認為最珍貴的改變，具有非常重大的影響力。

結論

我所指稱的那些「解構」的治療方法，可以協助來訪者發展出擁有「主權」的感覺。這種感覺來自於脫離生活中「過客」的狀態，而擁有主權的感覺可以讓來訪者主動去塑造自己的生活，因為來訪者能夠依照自己的目標，產生比較樂見的結果，影響自己生活的發展。這種個人主權的建立，是透過逐漸覺察那些塑造個人存在的特定生活與思考方式，以及去經驗體會與個人可能擁有的生活與思考模式相關的某些選擇。

我所指稱的那些解構的治療方法，可以協助來訪者脫離他們認為會讓自己與他人的生命枯竭的生活與思考模

式。這樣的治療方法會讓治療師與尋求治療的來訪者產生一種好奇心，想知道來訪者還可能成為怎麼樣的其他樣貌。這不是普通的好奇心，而是一種對於事情還可能變成怎樣的好奇，想知道除了來訪者現在擁有的這個整體化人生故事和自我與關係的主流運作之外，還會有什麼。

強調好奇心，在治療方法的領域並不是新的概念。這裡可以參考切欽（Gianfranco Cecchin，1987）提出的中立的改造理論。最後我要引用傅柯對於好奇心的一些看法：

> 好奇心，曾經被基督教、哲學，甚至某種科學的概念汙名化，視為一種缺陷。好奇心，沒有用。但是，我很喜歡好奇心這個詞。對我來說，好奇心的意義完全不同：好奇心會讓人去「關心」，讓人在乎已經存在與可能存在的事物，準備好尋找周圍陌生而獨特的事物，不斷地想要突破熟悉的範圍，熱切地抓住正在發生或已經發生的事，對於傳統階層覺得重要或基本的事物反而不在意。（1989，198頁）

註釋

1.【原註】說到單親，我比較喜歡用「sole（唯一）」而不是

「single（單一）」。在我們的文化中，「single」感覺起來有許多負面的意涵，像是不完整、沒有婚姻關係、失敗、不合格。但是，至少對我來說，「sole」的意涵就完全不同，傳達了單親家長面對著特別重要的責任，以及他們達到目前的成果所需要的力量。此外，「sole」的第二層意義也不難理解，「soul（靈魂）（同音異義）」。靈魂與本質相關，讓他們認知到自己是「靈魂家長」，就能理解自己所散發的「全心全意」，是子女仰賴「度過難關」的力量。

2. 【原註】這裡進行的諮商的確包含了探討孩子是否遭受父親暴力對待的部分。但是結果已經排除這樣的可能性。

3. 【原註】這裡的治療有一部分前提是建立在敘事隱喻上，呈現一種非本質主義的真實敘述。根據這樣的隱喻，通常個人會在以下的情況中呈現出真實的狀態：a. 表現出特定的生活宣稱與特定自我敘事宣稱的時候，b. 自己或／他人注意到這樣的表現時。因此來訪者有機會經驗到各式各樣的真實狀態，範圍大小則是由來訪者自身生活所能表達的故事多寡來決定。

4. 【原註】紐西蘭奧克蘭的艾普斯頓組織了幾名因為神經性厭食症前來尋求治療的來訪者，成立了「反厭食症聯盟」。這個聯盟的目標是要揭開神經性厭食症「聲音」的真相，辨識、紀錄並宣傳能夠對抗神經性厭食症仰賴的知識與做法。

5. 【原註】實地調查一開始不可以目標太大，一開始的提問會先從小範圍開始，然後依照其他自我知識的流通性與真實性去增加可能性。

6. 【原註】讀者可以參考詹金斯（Alan Jenkins）的著作《責任的邀請》（*Invitations to Responsibility*，1990），裡面有一段非常精彩的討論，還包括了治療男性暴力行為其他層面的探討。

7. 【編註】「Unique outcome」直譯為「特殊意義經驗」，多年來都譯成「特殊意義事件」，但它指涉的的確不只是事件而已，也可能包括其他不同類型的發生。該詞出自社會學家高夫曼（Erving Goffman），意為「主線故事外的敘事細節」或「問題故事本身所未能預測到的某些例外」。換言之，是來訪者的敘說出現了不同於問題故事的經驗，或出現與渴望未來相連結

的故事線，猶如靈光乍現、一閃即逝，需要治療師敏覺的把握住。因此，「Unique outcome」可說是「獨特的經驗」、「特殊意義經驗」、「特殊意義事件」，本書採譯「特殊意義經驗」。感謝吳熙琄老師、黃素菲老師、曾立芳老師的共同指導與激盪。

8.【原註】發生家暴與其他問題的家庭成員，會同時在不同的情境下接受諮商。

9.【原註】我不認為光是男性去承擔暴力行為的責任是足夠的，自己去體會受暴者的經驗，去理解暴力造成的短期與可能的長期影響，去認真道歉，去努力修復應該修復的關係，以及去挑戰那些為這種行為辯護的態度，還有可能造成暴力的權力條件與技巧。

如果治療就在這裡結束，雖然這些男性可能會真心感到悔恨，但也可能再犯，因為他們不知道男性還可以有其他怎樣的生活方式。為了確保安全，不會重蹈覆轍，我認為這些男性應該要去探索辨識，並試著讓其他男性生存方式的知識在自己身上運作起來。

10.【原註】代理人必須由子女與未行使暴力之配偶提名，可以是沒有暴力行為歷史的親戚，或者是社區認識的鄰居。

11.【原註】迴避保密會談一開始是一週一次，然後慢慢拉成一個月一次，總共進行長達兩年的時間。每一次的會談都會檢討過去這段時間發生的事件。如果在態度、策略、狀況與結構上，又出現任何與過去暴力情境類似的狀況，都可以去認知並質疑。

不同的家庭成員會輪流在這些會談上負責過程記錄，並將記錄呈交給治療師（通常會由代理人協助）。輪到記錄的家庭成員，歡迎將自己的重要評論附加在記錄上。如果治療師沒有按時收到會議記錄，就要馬上進行追蹤。治療師偶爾也要參加會談以便確認進度。

在此一定要強調基層公部門的重要性。政府干預的確在暴力的立即遏阻上非常有效，但基層公部門對於安全情境的建立也非常重要。

12.【原註】關於暴力情境下保密安排的重要性，可以參考萊恩

（Lesley Laing）與克姆斯勒（Amanda Kamsler）的〈結束保密〉（Putting an End to Secrecy，1990），裡面有精彩的討論。

13.【原註】在其他文章中，我將行動全景提問稱為「特殊敘述」（unique account）提問，意識全景提問稱為「特殊重述」（unique redescription）提問（懷特，1988a）。

14.【原註】當然，問題的順序可以顛倒過來。意識全景的發展可以用來探討可能呈現出行動全景偏好發展的哪些狀態。舉例來說：「你是怎麼判斷自己的行為，進而得出自身本質的結論？」「你覺得自己還有哪些行為可以反映這樣的信念？」

15.【原註】意圖狀態的重新修訂，通常會在意識全景的提問之前，運用針對問題的外化對話來進行。運用的問題型式如下：「這個問題讓你做出什麼違反你較佳判斷／對自己生活的意圖／你所珍視／你相信是重要的事情？」

16.【原註】雪梨馬奎爾大學的惠森（Daphne Hewson），從敘事理論與社會認知心理學的角度，首先發展出可以產生其他故事歷史的預測性提問（參見惠森，1991）。

17.【原註】文字裡有什麼？世界！我相信對治療師來說，像是「行動」、「場景」、「執行者」、「媒介」與「目的」這些戲劇術語，所打開的世界會和使用「人事地物與原因」所打開的世界不同。行動與場景呈現出世界建構與主題的本質，執行者與媒介會產生與意圖狀態相關的特定「作為」和「方法」，目的則是用解釋的概念來詮釋特定的意圖狀態。

18.【原註】柏克萊的米林斯基（Debra Milinsky），對這類的歷史很感興趣，她告訴我發展出現代地上拱門的很可能是伊特拉斯坎文明（Etruscans）。

19.【原註】就我所知，有一些家庭治療師現在採用了德希達的理論來治療，從諮商治療的角度去解讀德希達的想法。維多利亞省聖奇達的芬德里（Ron Findlay）最近在杜維區中心的一場研討會中，發表了他對德希達與諮商治療的看法。

20.【審訂註】隱隱地在主角的生活裡流動著，但卻不明顯，如何讓這些隱而不現的故事被看見和豐厚，是敘事重要的核心理念。

21.【原註】女性主義者可能會覺得這些語言父權的意味十分強烈，

希望能從關懷倫理學的角度，在強調情境的狀況下提出質疑。可以參考吉利根（Carol Gilligan）的《不同的聲音》（*In a Different Voice*，1982）。

22.【原註】在與艾普斯頓討論要如何形容治療師回應的解構時，他建議使用「透明」一詞。

23.【原註】迴響團隊的概念介紹，可參考安德森的著作（1987）。

24.【原註】迴響團隊在與治療師一同進行重寫治療時，會用解讀謎團的方式去解讀特殊意義經驗。因此，在團隊成員評論特殊意義經驗時，其他成員會提出自己的問題與觀點，希望能啟動家庭成員的生活經驗與想像力，一起解開這些謎團。於是家庭成員便成為了其他偏好故事的主要作者。

25.【原註】這個問題是麥迪岡（Stephen Madigan）因為「地球另一邊的家庭治療獎學金」前來杜維曲中心參訪時提出。

第二章

思覺失調的經驗與論述

肯恩・史都華（Ken Stewart）對麥克・懷特的訪談

史都華：在 1990 年的訪談中，我問了一個關於病理學理論的問題。你當時是這麼回答：

> 這個詞嚇到我了！聽到這個詞，我會想到臨床診斷極其成功地物化了個人與其身體。從病理學的角度去看待個人，是目前心理健康／福利規範最常見的一般做法，也是心理學最主要的中心成就。

> 現在你的回答還是一樣嗎？

懷　特：我不會否定自己在幾年前訪談中說過的話。現在的心理健康專家還是常常會從病理學的角度去分析個案的生活。病理學的論述因為大量的研究而蓬勃發展，讓我們現在可以任意運用各種不同方式，透過複製主體／客體二元對立這個在我們文化的人際建構中非常普遍的概念，與個案交談或互動。

　　這種交談互動的模式會把個案放置在認知的另一頭，也就是外面。這種交談互動的模式讓心理健康專家將個案建構成精神醫學知識的客體，而身分認同的中心特質便因此具有了「他者」（otherness）的特性。毫無疑問地，這樣的論述

現在大為風行。我認為這種成就代表了當代文化中非常普遍的邊緣化現象。

史都華：在我們的領域中，目前非常流行後現代的思維。你認為後現代的影響會對各種不同的病理學論述造成衝擊嗎？

懷　特：如同你所說，後現代主義目前的確發展蓬勃。不過我不太確定現在已經到了可以撼動病理學論述霸權的程度。病理學論述一直都在不斷地更新、修正與擴展。

史都華：我們現在會如何？如果不從病理學的角度去分析，那麼傳統那些心理疾病的概念，像是思覺失調、強迫症、戲劇化人格違常和 DSM-IV 診斷中屬於第二軸人格障礙的其他失調症狀，該怎麼去敘述？我們這些慣於社會結構觀點的人，是要將這個領域讓給精神醫學知識的專家，還是我們可以有其他相對的主張？如果可以運用自己習慣的觀點，要如何敘述這些分類指涉的現象？你覺得家庭治療在這方面能夠提供什麼幫助嗎？

懷　特：也許我可以先回答你最後的這個問題。因為某些

緣故，在病理學論述的維護與複製中扮演重要角色的機構所提出的論點，不會提到家庭治療的部分。家庭治療通常自認與病理學論述無關，不過我覺得家庭治療這樣的宣稱應該無法成立。

長久以來，家庭治療採用「系統」、「動力」、「結構」等隱喻的正式分析系統。這些隱喻是從「專家」的角度來詮釋發生的事件與人們的生活經驗，同時帶出家庭或人際關係中的「失調」、「障礙」和「疾病」等概念。這些隱喻也鼓勵我們將自己與他人的關係，放在一種複製主體／客體二元對立的位置上，如我之前提到的。

史都華：對於各式各樣的病理學論述，一直以來都有很多批評，不管是在領域之內或之外。儘管如此，病理學論述依舊支配了想要提供別種選擇的其他論述。對此你有什麼看法？

懷　特：是的，一直有很多批評的聲音存在。也許在此針對其中一、兩種批評進行探討，會更清楚明白。

首先是心理健康專家自我呈現的問題。據說，如果在談論他人生活時表現出一定程度的病理學論述「專業」，在與他人互動時運用一些病理學論述的技巧，就能讓這些專家在自己的領域

中獲得某種帶有道德價值的地位。專業成就與技巧的運用，能夠讓人感受到同業尊敬的眼光。

第二，有人認為專業與技巧的運用，能夠帶來更多事業與經濟的機會。因此，表現「診斷的敏銳度」就很有價值，不但讓人獲利，還可以在組織中得到權力。不僅如此，這在北美洲還變成必要的條件。現在的心理健康專家如果工作上不採用 DSM III-R 或其他最新的診斷標準，就幾乎無法執業。

第三，也有人說，因為病理學論述採用了鮮明有力的語言，建構出客觀的現實，所以這樣的論述能讓心理健康專家不用面對諮商與治療所帶來的真正影響與後果。如果我們的工作是要讓個案接受「真實」，那麼我們對個案生活進行的討論與採取的互動方式所造成的後果，就變得不重要了。「真實」的外衣讓我們不用反思在個案生活的塑造上進行建構與治療互動所產生的意涵。如此一來，病理學論述使得心理健康專家不需要擔負責任，同時還能維持並擴展自身獨斷的權力。

以上只是眾多可能批評的一部分。但是除了這些之外，對於病理學論述極端的發展與成就，還有其他需要考量的層面。在這個越來越難過的

世界中，病理學論述能讓我們找到某種程度上的慰藉。我們可以透過論述，將這些有待協助的問題定義為反常現象。這樣我們就能夠不去正視這些問題其實是因為文化所造成，是我們生活與思考模式的產物。病理學論述讓我們能夠忽略這些有待協助的問題其實是特定的人際關係與自我運作的結果，大部分都是「個人主義」的概念所造成的。病理學論述也讓我們忽略這些有待協助的問題經常是陷入文化中不公平的結構困境的，例如性別、種族、文化、階級、經濟、年齡等等。

　　如果我們把有待解決的困難看作是異常現象的結果，而不是我們生活與思考模式的產物，那麼就不用去面對是因為我們維持這樣生活與思考模式才造成問題發生的事實。同時也可以否認我們與他人在共享世界建構中的共謀。只要模糊了有待解決的問題與文化中生活、思考模式的連結，就能逃避對於他人生活情境進行敘述的責任，也可以逃避拆解各種相關不公平結構的責任。

史都華：好的。那麼我們就來詳細討論你的治療工作方式。我聽說你反對貼標籤這個動作，也反對藥物的使用。

懷　特：這下有趣了。我自己也聽我的立場是這樣。

史都華：所以？

懷　特：有時候我會聽到據說自己說了一些根本沒有說過
的話，有時候我會讀到據說是我的想法但其實跟
我所想的完全無關。有時候我也會發現據說是我
做的治療工作可是卻跟我所經驗的沒有半點相
似。

史都華：最後一點可以舉例嗎？

懷　特：幾年前流傳了一個故事，說我在加拿大進行諮商
工作時，用外化的對話技巧處理一名被診斷患有
偏執型思覺失調症的個案，在對話的過程中，我
被揍了一頓。但事實上，是我介入了一場攻擊，
為了防止身體遭受嚴重的傷害，我的臉在介入的
過程中被劃傷了。重點是，這一切都跟諮商工作
無關。

史都華：聽起來很可怕！那麼可以告訴我，你對標籤與藥
物的看法嗎？

懷　特：對於藥物，我其實並沒有站在所謂反對精神科用藥的立場。我反而對這個問題感到好奇，希望能知道是什麼讓個案能夠增能（enabling）。我這裡說的「增能」是正面的意思。這樣的思考就帶出下面這些問題：

- 治療師要怎麼協助個案，判斷藥物究竟是增進他們的生活品質，還是降低他們的生活品質？
- 治療師要怎麼協助個案，判斷藥物使用在怎樣的狀況下會增能，在怎樣的狀況下會減能（disabling）？
- 治療師要怎麼協助個案，監控不同藥物種類以及不同藥物濃度的效果？
- 治療師要怎麼協助個案，評估藥物對自己的生活與人際關係所產生的真正效果？
- 治療師要怎麼協助個案，建立一個適合他們進行評估的標準？
- 治療師要怎麼協助個案，完全明瞭藥物的各種副作用。
- 治療師要怎麼幫助個案，分辨怎樣的狀況最符合用藥規範與效果，怎樣的狀況最不符合，兩者的考量分別為何？

這裡只是一小部分適合提出的藥物相關問題，事實上還有更多沒有在此列舉。

　　我希望這段討論可以釐清所謂「懷特反對藥物使用」的看法。我曾經看過，借助藥物的作用有效打開個案生活的視野，帶來許多新的行動與可能性。我也曾經看過，運用藥物來達到社會控制的主要目的，剝奪了個案行動極大的可能性，去除個案進行選擇的機會。

史都華：那麼你對心理健康領域中使用的各種標籤又有怎樣的看法呢？

懷　特：如果你說的是進行精神醫學上的診斷，我對這方面是一點興趣也沒有。至於一般所說的標籤以及大眾的運用，剛剛我們列舉的那些關於藥物使用的問題，感覺也可以應用在這裡。

　　在回答這類型的問題時，我比較在意的是有些人的確發現標籤具有增能的作用。詮釋方法有很多種。舉例來說，生病的標籤會降低各種自我貶低的狀況，也會減少歸咎於個人失能的因素，而這些都是無法依循一般方式生活的人原本會有的感受。此外，生病的標籤也能讓人們擺脫期待的壓力，但是他們在「健全」的狀態下就會受到

這些壓力影響。還有許多人認為,精神醫學診斷可以消弭親人之間經常發生的罪惡感,具有破除自我打擊行為的效果,也能夠在家庭情境中帶來更多建設性的互動。

　　我覺得這些論述都有其優點,也很願意尊重一般人認為的精神醫學診斷所具有的正面效果,我確信這樣的結果提供了一些有趣的文化反思角度:為了擺脫自我貶低與不再歸咎於個人失能,擺脫符合文化期待的樣貌所造成的壓力,以及擺脫之前討論過的罪惡感,人們必須進入「生病」的狀態。生病是一種文化建構出的狀態,擁有獨特的生活與思考模式,是一種能夠對人生進行塑造的文化狀態。

　　因此,生病的診斷提供了一種可被接受的豁免權,但這是一種很悲哀的文化反映。我真的認為我們可以用很多方式去幫助個案,找到其他不同的文化狀態,讓個案成功擺脫主流的存在與思考方式。其他不同的狀態可以提供別種生活方式的選擇,不需要透過生病得到豁免權。

　　很有趣的是,在我們辨識其他不同狀態的過程中,通常都是透過追溯對抗主流文化的歷史去加以定義,而診斷本身就變得越來越不重要,伴隨而來的豁免權在生活中也變得越來越不必要。

史都華：所以，如果有認同自己精神醫學診斷的個案來找
　　　　你諮商，會發生什麼事？

懷　特：我不希望誤解了你的話。如果我的諮商個案偏好
　　　　使用這樣的標籤，那麼我會肯定他們運用這種方
　　　　式來幫助自己，也會主動和他們一起探索為自己
　　　　貼上標籤能帶來怎樣的可能性。

史都華：但既然這些標籤會藉此掌控人們的生活，將他們
　　　　視為「一目了然」的「他者」，我以為你會因此
　　　　排斥標籤化的人事物。

懷　特：嗯，基本上，其實不太可能去排斥標籤。語言的
　　　　使用就是在命名，所以我們一定都會使用到各種
　　　　不同的標籤。然而，最重要的是，什麼才是與命
　　　　名相關的論述的本質是什麼。認真去思考論述本
　　　　質，就會讓我們對命名這件事提出疑問。在一個
　　　　特定的過程中，哪方面的知識排序優先，哪方面
　　　　的知識相對不重要或者無用？誰有資格發聲與命
　　　　名，在怎樣的情況下他們可以這樣做？有哪些相
　　　　關的權力方式與技巧，和命名與診斷的動作相連
　　　　結？而這些方式與技巧對人們生活的真正影響又
　　　　是怎樣？我想在這裡強調的是，重點在於論述本

身，這才是最主要的考量。

　　當然，某種論述使用的標籤，只要拿到另一種論述中就會產生另一種用法。大多是邊緣化的團體會進行這樣的舉動。這些標籤被放到另一種論述情境中，常常就會變成值得驕傲的事，代表某種生活型態的選擇，以及存在與思考方式的知識。這種做法能夠讓標籤脫離操控著邊緣化團體成員的主流論述。

史都華：所以，至少我認為，這些想法會讓我想到病因學。你對病因學持怎樣的看法呢？

懷　特：過去二十年來，至少有十七年的時間，我和主流精神醫學領域有正式的關係。我曾經待過州立精神病院，負責兒童與青少年精神諮商，也有好一段時間擔任一家大型州立精神病院的顧問。除此之外，杜維曲中心也開設了一項小型的獨立社區心理健康計畫。現在我可以告訴你一件可能會讓你覺得驚訝的事。從頭到尾，在我經歷過所有不同的精神醫學情境中，我只看過很少數涉及腦部病變的情況，是從病因學的角度去考量而且產生了效用。即使是藥物的使用也是一種嘗試錯誤的過程。我說可能會讓你覺得驚訝，是因為儘管病

因學通常不會發揮太大的作用，但是只要是主流精神醫學領域工作的人，都會發現臨床上花了大量的時間與精力從病因學的角度去進行考量。

因此，我們可以得到什麼結論？也許病因學角度的考量，是精神醫學知識的運作特點，因為這樣的考量能夠讓這個領域的知識顯得更為科學化。

史都華：所以你對病因學沒有抱持任何立場？

懷　特：針對你的問題，我一直不想對所謂思覺失調的病因學採取任何立場。事實上，不斷有人請我對這個議題發表意見，進行辯論或是其他活動，但我都拒絕了。我很願意去研究、思考病因學大部分的概念，但老實說這些概念都與我或其他人的治療工作不太相關。

史都華：這是不是說你願意研究一下，目前病因學從生物的角度對所謂思覺失調症進行的探討？

懷　特：當然！當然！不過這真的和我的工作無關。

史都華：那麼你的工作內容是？從你對精神醫學論述的立

場來看，會不會就讓你將自己排除在這個領域的工作之外呢？你是不是可能就這樣抹消了自己能夠做出的貢獻？難道不會讓你就此無法發表意見嗎？

懷　特：當然不會。我只是在說，如果從精神醫學知識或病理學論述的角度去定義建構的話，我會採取局外人的態度。但我還是會從個案與個案的經驗去分析，就算其中包含了病理學論述經常討論的經驗。

史都華：那麼我們有哪些選擇呢？

懷　特：我覺得我們可以協助個案面對精神醫學知識的霸權。我們可以和個案一起探索究竟他們的生活被這些「知識」影響到什麼程度。我們可以在對話中彰顯他們的人生智慧，並回溯這種智慧發展的歷史。我們可以透過對話讓他們有機會建立起這種智慧，並幫助他們逐步發展，將這種智慧應用於解決遇到的麻煩上。

　　我們可以用心與個案合作，讓他們能夠運用個人主導權來為自己的生活發聲，增加主導自己生活的經驗。我們可以幫助個案區分這樣的敘述

與其他不具個人主導權，甚至貶低個人主導權的邊緣化敘述有何不同。

與其像剛剛的討論那樣對這類正式系統進行分析，還不如努力在自己的治療工作中去建構更貼近個案生活經驗的發展，當然也包含思覺失調的現象。我們可以找尋更直接參與個案生活經驗的方法。

我們可以和個案一起面對這些權力關係，挑戰我在稍早的對話中討論的主體／客體二元對立概念。

史都華：針對最後一點，可以說說看該怎麼做嗎？

懷　特：我在這裡要舉個例子，一個回到「凝視」（gaze）(註1) 相關的概念，或說好好看看凝視。那些被查房的個案，如果能夠讓他們去研究查房這個動作的話，就會感到自己擁有了權力。他們能夠從中了解誰具有話語權，在怎樣的狀況下可以發聲，怎樣的發聲方式才會受到認可，怎樣的發聲方式不具作用，誰的主權較具優勢，優勢聲音的作用如何等等。我發現很多人很開心知道可以這麼做，即使並沒有正式付諸實行，也能產生正面的效果。看起來似乎光是去思考這件以

前沒有想過的事，就多少能夠削弱操控個案的邊緣化力量。當然，關於把凝視找回來還有很多其他不同的方法。

史都華：這對我來說是個相當顛覆的想法。

懷　　特：是的，這個想法相當顛覆。不過練習把凝視找回來並不需要隱藏，這種力量不一定是在反對精神醫療機構專業人員的付出。事實上，這樣的練習對努力打造治療情境的心理健康專家來說反而是好事。把凝視找回來的練習可以產生一種作用，讓許多在精神醫療情境原本會被當作理所當然的概念與做法變得透明，對於承諾要負起道德與倫理責任，擔起治療互動對諮商個案生活所造成真正影響的專業人員來說，反而會是莫大的助力。心理健康專家在治療工作進行當中，通常會習於永遠無法確定是否複製了造成個案問題的相同情境，所以當他們協助個案把凝視找回來，得到治療上的反饋與可能性時，其實會在某種程度感到鬆了一口氣。

史都華：你也提到能用更以經驗為基礎的方式，來諮商精神醫學狀況的個案。可以舉個例子說明這種以經

驗為基礎的方式，要怎麼處理思覺失調症嗎？另外也請解釋一下這種方式，和一般用來處理思覺失調的方法有什麼不同？

懷　特：我發現一般常用的治療方法，對思覺失調本身其實有著強烈的偏見。這是一種反經驗的偏見。我認為過去幾十年來，大家都抱持著一種想法，那就是如果和個案討論他們的思覺失調症狀，反而會讓情況變得更糟。在這種情況下，我提出要與個案討論他們對思覺失調有哪些主觀經驗時，便因此遭受社會大眾非議，也就不意外了。

史都華：也許在討論的過程中，會將某些恐懼的妄想具現化，而不是讓個案不再害怕。這樣的回應對你的工作有怎樣的影響？

懷　特：其實不太有影響。有些個案會說他們對於去討論思覺失調症狀感到害怕，而有時候我沒有進一步去討論他們的思覺失調經驗，會讓個案感覺到困惑，希望能繼續探索下去。不過不管是怎樣的反應，我都覺得沒有影響。

史都華：在你的一些工作坊中，會提到你幫助個案修正幻

聽現象，也就是自己的「聲音」，之間的關係。
這個方法是發展自思覺失調經驗的探索嗎？

懷　特：是的，沒錯。幫助個案修正與自己的聲音之間的
　　　　關係，是我和診斷為思覺失調的個案之間非常重
　　　　要的一種互動。如果能成功地修正這種關係，就
　　　　可以大幅度改善個案的生活品質。我的經驗是，
　　　　這種方法基本上還可以有效降低他們復發的可能
　　　　性。

史都華：若真是如此，是不是心理健康專家應該要多多採
　　　　用這個方法呢？

懷　特：是的。我認識許多心理健康專家認同這樣的概
　　　　念，會在特定的情境中以特定的方式去進行。
　　　　舉例來說，如果想知道診斷為患有「慢性精神
　　　　疾病」的個案如何進行這種團體諮商，可以
　　　　去參觀雪梨的史塔克爾（Gaye Stockell）和歐
　　　　尼爾（Marilyn O'Neil）帶領的「值得討論」
　　　　（Worthy of Discussion）團體。他們與所培養的
　　　　專業團隊發展建立出一種在復健情境下可以運作
　　　　得更加順暢的合作方法。
　　　　　我也認識許多熱心的專業人士，希望能將這

些概念與方法，他們自己原本的方式，以及這個領域中其他慣用的概念與方法，進行統整的結合。舉例來說，紐約的畢爾斯（Chris Beels）和紐馬克（Margaret Newmark），還有緬因州波特蘭的莫爾茲（David Moltz），都在建立這樣的體系。

同樣我也認識一些行政主管、經理與臨床主任，積極想要擴展改變精神醫學諮商治療的領域，於是採用了上面提到的概念與方法，並與其他數種相關的概念與方法加以統整結合。雪梨的羅森（Alan Rosen）在這方面貢獻良多，可以多找他聊聊。

但當然還有很多其他概念的提倡。最近馬迪剛（Stephen Madigan）、艾普斯頓（David Epston）和反厭食症聯盟（Anti-Anorexia League），就在英屬哥倫比亞提出了一個新主張。就我所知是對神經性厭食症與暴食症治療政策的一種改革。

史都華：這些發展聽起來都讓人很興奮，真希望能多了解一點。所以我想你在這個領域的工作其實沒有遭遇太多挫折？

懷　特：當然不會。這些年來，許多人都給予我大量的支
　　　　持與鼓勵，而且一直持續至今。

　　　　　　不過我得說，在我努力與大眾分享概念時，
　　　　也是有人對這樣的治療工作產生複雜的回應。所
　　　　以有時候事情感覺沒有那麼簡單。

史都華：可以舉個例子解釋嗎？

懷　特：嗯，多年來我在某些特定的團體中幫助個案修
　　　　正與自己聲音之間的關係，但在公開研究結果時
　　　　的確遭到了一些阻礙。阻礙有些是來自質問與懷
　　　　疑，有些則是因為本質上的政治運作關係。

　　　　　　然而，幾年前開始，我在主流期刊上發表的
　　　　文章得到關注，發現被診斷為思覺失調的個案
　　　　也需要從主體角度出發的經驗，也留意到應該
　　　　要注重個案與自己聲音之間關係的品質。事實
　　　　上，有一份期刊還出了一期全部都是與此相關的
　　　　特刊（見《思覺失調告示欄》〔*Schizophrenia
　　　　Bulletin*〕第 15 卷第 2 號，1989 年）。雖然這
　　　　些文章沒有說明要怎麼去修正個案與自己聲音之
　　　　間的關係，但有些發現支持了我當時正在進行的
　　　　工作。而且因為有這些文章的發表，我在精神醫
　　　　學情境下要討論這種治療方法就變得比較容易。

史都華：那麼你會怎麼解釋，與自己的聲音建立不同的關係，可以大幅改善思覺失調的症狀？

懷　特：有一部分我覺得和文化有關。雖然感覺上，我們還滿容易接受一個概念，就是我們思考與相信的事情，還有大部分做出的事情，都與文化相關，而我們會比較難接受的是，其實思覺失調現象也是類似狀況。不從病因學的角度去看，思覺失調的情境、形式與呈現，例如幻聽這種現象，都是由文化所塑造。當這個概念比較容易被接受時，我們也就比較能理解，即使是所謂思覺失調的人，他們的生活也一樣是由文化所塑造。

史都華：請舉個例子。

懷　特：思覺失調聲音的出現不會因為生理或基因有所差別，與性別也無關，會聽到攻擊言語的不是只有女性患者，會被叫成「膽小鬼」的也不是只有男性患者。思覺失調的聲音也不是因為生理上的差別，而將他人視為對手，將患者視為自己的財產。個案感覺到最棘手的幻聽，通常很明顯的是因為父權的態度與權力的操作產生。會騷擾男性與騷擾女性的聲音都是。這些聲音會發出各種批

評與輕蔑的評價，力道強大讓個案無法推翻，只有高度的期待卻無法真心的認同。

史都華：你說這些聲音極為父權，可以詳細解釋發聲的內容嗎？

懷　特：好的，不過我想強調，並不是所有思覺失調的聲音都是如此。在治療工作中，最重要的是協助個案去分辨聲音，哪些是統治掌控，哪些是支持關懷，或者至少具有支持的潛力。

史都華：好吧，我想我們待會兒再回頭談其中的分別。

懷　特：棘手的聲音聽起來都論點充分且深具說服力。這些聲音是透過某種技巧來撼動人心，得以鞏固無法質疑的威權，建立客觀知識的宣稱，說服患者只有這些聲音可以掌握人們真正的本質、欲望、目標等等。

史都華：可以說明一下技巧的部分嗎？聽起來有點可怕。

懷　特：這裡所謂撼動人心的說話方式，其實就是「普遍化」，可以說是一種「空洞（disembodied）」

的說話方式。我想，這份逐字稿的讀者之後就會慢慢熟悉這些方式。會說空洞，是因為這樣的說話方式沒有任何參考情境，可以讓人建立一種獨立於情境之外的知識宣稱。這樣的說話方式能夠將某種知識宣稱提高到一種肯定或是「真實」的狀態，然後貶低那些比較需要參考情境的說話方式所傳達的知識。

史都華：喔，沒錯。有些人常常說自己可以看透所有事物背後的「真實」，不管情境脈絡為何。我們很多人都曾被這太過熟悉的經驗控制住過。不過，我還是認為在這領域中，近年來是朝著讓大家知道這些「肯定的誘惑」去發展。你可以對這種沒有參考情境的說話方式再多解釋一些嗎？

懷　特：這種「專家」的說話方式包括以下技巧：a.模糊說話者言語行為中的動機或目的；b.抹消知識宣稱產生所參考的個人經驗；c.排除個人與人際中掙扎與矛盾的資訊，特別是與個人偏好的現實建構相關的部分（包括抹消知識宣稱建立所參考的個人爭論與歧異經驗）；d.弱化個人在性別、種族、文化、階級、職業、性傾向等等社交領域位置中的自我授權；e；抹消環繞所有「全

體適用」的知識宣稱所參考的爭論與歧異歷史。

史都華：這在治療工作中又具有什麼意義？

懷　特：嗯，當個體被掌控，空洞的言語行為可以抹消他
　　　　們的權力。這樣的言語行為掌控力非常強，可以
　　　　嚴格限制並束縛可能的反應。然而，這種言語行
　　　　為的說服力與撼動力可以透過具體化的原則加以
　　　　破壞，也就是說，將這些言語行為置於以下的情
　　　　境中：a. 說話者的動機與目的；b. 說話者的個人
　　　　經驗，包括說話者在賦予自己生活意義的過程中
　　　　經驗到的矛盾與其他掙扎；c. 說話者在性別、文
　　　　化、種族、階級、性傾向等等社交領域位置中的
　　　　自我授權，以及環繞說話者客觀知識宣稱所參考
　　　　的爭議歷史。

史都華：像我對你的工作這麼了解，我敢說你一定能夠用
　　　　一些有趣的提問，來揭露並解構這些所謂真實的
　　　　宣稱。

懷　特：沒錯。我們可以藉由提問來進行具體化，問一些
　　　　需要說話者提出自己意見的問題。

史都華：可以給一些例子嗎？

懷　特：沒問題。如果要讓說話者表露出意見背後的目
的，可以用下面的方式提問：所以你對我應該怎
麼做有很強烈的意見。請告訴我，你用這樣的方
式提出意見，是希望對我做的事產生什麼影響
呢？或者我們可以問：如果你在這件事情上成功
影響了我的做法，這樣就可以達成你的目標，改
造我的人生嗎？也可以這麼問：我覺得我有些理
解你會如何運用你的意見來影響我現在做的事。
這麼做是希望我的生活變成怎樣呢？這麼做能讓
我的人生按照你的計畫進行嗎？

如果要讓說話者表露出意見背後生活經驗，
則是可以這麼問：你可以告訴我一些你的個人生
活經驗嗎？主要是什麼讓你能構思出這樣的意
見？這可以幫助我知道該怎麼接受你的意見，而
且我也能夠因此分辨出你的哪些觀點比較適合
我。然後我也許可以告訴你一些我自己的生活經
驗，和你分享我怎麼從這些經驗中得到結論。

如果要讓說話者表露出意見背後在社交領域
上的位置，那麼試試看這麼問：這樣的意見會在
哪些社群最被接受？社群中所有的成員都同意這
個意見嗎？如果社群的成員就在現場，他們會怎

麼支持你的意見？你覺得如果他們不贊同你的意見的話，會發生什麼事？你覺得怎樣的壓力會讓你妥協或放棄？如果你不想妥協或放棄，那麼你覺得你會面對怎樣的後果？

但這只是一小部分可能的回應方式，如果想要解構空洞的言語行為所產生的「真實」的話。而且我要強調的是，這些問題不需要真正去回答就可以發揮影響力。藉由提出這些問題，受到空洞言語行為掌控的個體就比較能夠掙脫，而且能夠遭遇新的行動與可能性。

史都華：這些問題都很棒！我覺得有些我現在馬上就知道怎麼運用了。我的工作團隊常常會遇到社工或醫療小組的成員，這些問題應該都很適合拿來運用。可以將這些概念連結回到幻聽個案的諮商治療上嗎？

懷　特：如同我之前所說，最為棘手的聲音，不但能夠撼動人心，也深具說服力。這些聲音最麻煩的時候，就是成功說服被掌控的個體，認為這樣的聲音深具威權，擁有客觀的知識，說的都是生命與世界的真實、被掌控的個體身分認同的真實、他人動機的真實等等。撼動人心的聲音通常能成

功地捕獲這些個體，抹消個體特別的人生智慧。這樣的過程會讓相關所有人呈現創傷與消權的狀態。

　　在這樣的情況下，當然要弱化這些聲音的威權，消除他們的力量。而這個動作可以透過將聲音的「真實」具體化來達成。我們鼓勵那些被聲音掌控的個體，盡力去讓聲音的命令、邀求、意見、授權等等能夠具體化呈現。具體化能夠幫助這些被掌控的個體，讓聲音表露出背後的目的、經驗與歷史。

史都華：你說得好像這些聲音是獨立的實體一樣。

懷　特：沒錯。事實上，在治療工作中，將聲音擬人化最能解構聲音的「真實」。也許我應該說，這是透過擬人化去延伸之後達成。對於被聲音掌控的個體來說，早在諮商開始進行之前，他們就常常將聲音擬人化了。只不過，在那個時間點，這些聲音的目的完全呈處於不透明狀態。

史都華：許多人認為你的治療手法主要是從各種層面運用外化對話來處理個案，採用獨特的方式將問題進行外化與擬人化。這剛好對應了其他理論學家與

臨床治療師說的內化聲音以及「客體」，或是我們生活中重要人物與人際關係的代表。於是你將這些原本被內化或投射、較為有害的隱藏層面加以外化。像這樣將問題擬人化，是你平常就會使用的方法嗎？

懷　特：我這樣回答你的問題好了。擬人化只是其中一種重述問題的方法。對我來說，重述問題是我在諮商治療過程中很重要的部分。我知道如果讓個案將需要諮商的問題重述一次，會讓他們，還有身為治療師的我們，得以去認知到個案生活經驗中的政治運作。

史都華：所以你在實際工作中會如何進行問題的重述？

懷　特：大部分是藉由提問類似下面這樣的問題？

- 聲音現在想要說服你什麼？想要讓你去做什麼？這些事情符合他們對你生活的整體計畫嗎？
- 聲音會希望他們主張以及那些「應該」怎麼去影響你的行為？如果聲音成功地讓你的生活按照他們的意願去進行，你覺得這會怎麼影響你人生的方向？

- 這些聲音會讓你擁有自己的意見，知道你想要什麼，還是會禁止你擁有自己的意見？
- 我發現這些聲音讓你感到困惑。這種困惑對誰有好處？這種困惑是聲音希望你的人生變成的樣子，還是能夠支持或釐清你自己的目標？

　　如你所見，透過像這樣的問題，可以去分辨不同的欲望、目的、意圖、目標等等。這樣的分辨讓個案更能夠識別出哪些是合於支配聲音的計畫，哪些是合於個案關心偏好的計畫。困惑其實也是為這些聲音所用，而不是對個案有所幫助。在分辨的過程中，個案會多少可以釐清對自己比較希望如何敘述自己人生，而不再感覺到那麼多迷惘。

史都華：我喜歡這些問題。這些問題不但能外化聲音，還可以分辨出是否支持個案偏好的意見，或是一些常常會與個案偏好相左的不同意見。我覺得你的文章與治療方式有一點很吸引人，那就是你會注意到人際關係的政治運作與權力的運用技巧。你覺得這些概念會對治療有所幫助嗎？

懷　特：絕對有。暴露並敘述聲音為了達成目標而使用的

策略，會對治療產生很大的幫助。這些策略包括
了那些會讓其中一類的知識地位高於其他知識的
方法。所以在危急的時候，威權受到挑戰的時
候，這些策略還會包括各式各樣的暴力、恐嚇、
藉口、背叛、卑劣等等。

史都華：這很有趣。那麼你會願意或是準備將這種問題的
重述應用到哪種程度呢？

懷　特：在反覆的過程中，這些聲音仰賴能夠接受時間考
驗的空洞言語行為來產生影響力。他們會讓大家
把注意力放在別人的動機上，藉以掩蓋自己的動
機。將聲音擬人化到一個程度時，我們就打開了
解構或揭露這一切的可能性。透過這種方式讓聲
音的目的變得透明，就能幫助個案修正與自己聲
音之間的關係。擬人化也讓我們更能幫助個案，
去監控修正與自己聲音之間關係的過程：

• 到了現在這時候，聲音會怎麼處理揭露的狀況？
用這種方式來敘述，讓聲音赤裸裸攤在陽光下，
對他們造成什麼影響？你認為這樣是能夠減低還
是增加他們的影響？
• 聲音會抗拒這種討論方式嗎？是不是造成了他們

的不安？有沒有對他們產生威脅？他們對這樣的威脅有什麼反應？會想要整個「豁出去」嗎？你認為聲音受到這種對話的威脅代表什麼意思？

• 你覺得如果聲音改變態度，開始傾聽你的想法，會變得怎麼樣？你覺得聲音如果知道你開始不重視、不相信他們，已經明白他們說服的伎倆，會變得怎麼樣？這會對你在自己生活中的位置造成怎樣的影響？是加強還是減弱？

史都華：其他人覺得這種做法很特別嗎？

懷　特：沒錯。而且我同樣想說明清楚，這些方法就像我之前提過的一樣，會產生其他疑慮。有人說我介入了幻聽產生原因的驗證，因此加重了幻聽的症狀。也有人的看法是，幻聽的問題在於這原本就是一種外化的現象，個案該做的是去包容和統合。思覺失調的聲音其實是個案需要統合的部分，是個案需要消化成為自己的想法等等。但這些批評都是依據「自我」這個現代概念，認為自我是所有意義的中心與本源，是一個統合的基本自我。但我覺得要繼續維持這種現代概念下的自我是不可能的事。

史都華：所以，如果我想得沒錯，你鼓勵個案去面對這些
　　　　聲音。這是不是類似完形心理學派常用的空椅法
　　　　呢？

懷　特：不是，完全不是。我主張的剛好是這些理論的另
　　　　一面，不管是概念、目標或手法，都在這些理論
　　　　的另一面。我剛剛講過，我所說的方法絕對不是
　　　　採用自我的現代概念，或是可以透過「整合」來
　　　　達到「完整」狀態的主流文化概念。

　　　　　　而且其實不用面對。不會有與這些聲音直接
　　　　衝突的狀況發生。我在討論中說明的方法不會造
　　　　成對峙現象，也不會催化出極為情緒化與充滿壓
　　　　力的互動，因為這樣無法產生任何意義。我的方
　　　　法是希望個案透過對自己生活的觀察與自我反
　　　　思，成為自己與聲音之間之關係和事件的敘述
　　　　者。一開始可以幫助個案「覺察」聲音，進而拼
　　　　湊出真相。

史都華：所以，不像完形心理學派或甚至精神分析學派那
　　　　樣，將所謂單一「自我」「分裂」的部分整合回
　　　　來，你比較像是要將聲音驅逐出個案的生命。

懷　特：這種治療方法的目的不是擺脫惡意的聲音，而是

幫助個案修正與聲音之間的關係，好讓聲音的影響程度降低。個案受到惡意聲音掌控時，可以預見的是整個過程不斷惡化與復發。而當個案脫離了掌控，或聲音反過來被掌控，則可以預見個案的生活品質有了改善，也比較不會復發。

　　然而，在治療的過程中，也常常會聽到個案回報在生活中有某些時候完全聽不到惡意的聲音。不過，這其實不是預期中的明確目標，所以這樣的結果只能算是使用這種治療方法的額外好處。

史都華：回到剛剛所說的面對問題，會不會有些時候，直接衝突還是有必要，或是有助益的呢？

懷　　特：很少見，而且即使發生了，也不會是衝突或競爭的形式。當然，有時候個案會在聲音耍脾氣的時候感覺到強烈的躁動，尤其在掌控個體生活中上，聲音在可能會失去「立足點」，因此感覺到威脅時。但我們不建議個案以同樣方式來回應，反而應該要退一步，參照自己身分認同的文檔或閱讀治療過程的手稿，讓這種情緒自行消散。站在置身事外的角度，個案才能覺察各種不同的抵抗方法。

史都華：稍早你提到，如果讓個案分辨出哪些是惡意的聲
　　　　音，哪些是具有支持力的聲音，或至少具有支持
　　　　的潛力，這樣對治療會有幫助。可以再對此多說
　　　　一點嗎？

懷　特：我相信因為思覺失調現象掌控而受到創傷的人，
　　　　會抓緊任何能夠獲得的支持力量，即使有些部分
　　　　是來自思覺失調經驗本身。在這種狀態下，會常
　　　　常聽到個案回報，他們聽到的某些聲音好像是真
　　　　心為了自己著想，儘管他們有時會被這種關心意
　　　　圖的表露方式誤導。現在我們可以幫助這些個案
　　　　更清楚地分辨哪些是惡意的聲音，哪些是友善或
　　　　可能是友善的聲音，然後與那些比較能給予支持
　　　　的聲音建立更強的連結，這樣他們才會更明白什
　　　　麼對自己是最好的。

　　　　　這樣的連結扮演著重要的角色，可以讓個案
　　　　獲得支持，並體會到目標團結一致的經驗。這可
　　　　以讓他們比較堅強地去面對惡意或掌控的聲音所
　　　　激發與仰賴的不安全感，不讓聲音在他們的生活
　　　　中佔有影響地位。

史都華：個案要如何與比較具有支持力的聲音發展更強的
　　　　連結呢？

懷　特：在能夠分辨出哪些是友善或可能是友善的聲音之後，就可以幫助個案去擴展這些聲音，讓這樣的聲音能夠扮演隱形朋友的角色。

史都華：等到個案能夠去敘述這個友善聲音所扮演的角色，聲音就變得更具深度與複雜性，能夠更容易去持續與運用。你認為這是治療方法中的關鍵部分嗎？

懷　特：不是。這只是有幫助，但並沒有很重要。當然，還有很多人根本沒有體會過這種友善或可能是友善的聲音。

史都華：還有其他產生連結的方式能夠幫助無法抵禦惡意聲音的個案嗎？也就是那些沒有體會過友善或可能是友善聲音的人？

懷　特：有很多方法。舉例來說，我們可以去探索和隱形朋友們建立起關係的可能性。透過諮商治療，可以幫助個案創造一個隱形朋友，甚至可以恢復個案與隱形朋友之間的關係。你知道有多少小孩擁有隱形朋友嗎？兒童基本上比成人要來得後現代，他們更能認知多重故事人格的本質。問問你

周圍的人。問問小孩，或你的成年親戚朋友，看他們在童年的時候是不是擁有隱形朋友。你會很驚訝地發現這種友誼俯拾皆是。你知道與隱形朋友之間的友誼會對兒童的生活造成怎樣的影響嗎？

史都華：我很少思考這方面的問題。

懷　特：我也沒有。但大概在幾年前，為了和雪莉討論隱形朋友的主題，我開始問周圍的朋友一些關於隱形朋友的問題。和雪莉預想的一樣，我所得到的回應讓我感到驚訝。

史都華：我猜隱形朋友能夠提供支持與慰藉，並療癒寂寞等等。

懷　特：你也可以在遇到困境時把問題交給他們。而且隱形朋友的作用還不只這些。他們深具同情心與感染力，隨時都能陪伴兒童經驗各種各樣的事情，甚至是陪著兒童一同受苦。我相信你應該聽過，生病的孩子在隱形朋友的陪伴下，可以獲得很大的慰藉。隱形朋友能有效幫助兒童去承擔自己的責任。兒童可以把祕密告訴隱形朋友，讓自己在

兒童很難發聲的成人世界中，擁有發聲的機會。

史都華：這讓我想到美國一部很有名的漫畫《凱文與虎
　　　　伯》（*Calvin and Hobbes*）。內容是一個六、七
　　　　歲的小男孩凱文，和他的玩偶小老虎，活潑好
　　　　動、在凱文的生活中扮演重要角色的虎伯。你要
　　　　如何運用這些概念，在治療工作中幫助個案修正
　　　　與思覺失調時聽到的聲音之間的關係？

懷　特：在我們的文化中，兒童會在某個階段被禁止繼續
　　　　再擁有隱形朋友。這被認為是符合階段發展的做
　　　　法。但我知道有很多文化是允許這種類似隱形朋
　　　　友的關係存在的，而且也承認這種關係對個人生
　　　　活具有持續性的影響。

　　　　我在治療受到思覺失調聲音騷擾的個案時，
　　　　有時候會聽到他們敘述童年時期擁有的隱形朋
　　　　友。我會藉機詢問他們一些關於隱形朋友的問
　　　　題，例如隱形朋友對他們的意義，隱形朋友對他
　　　　們的生活造成的長遠影響，是在什麼樣的情況下
　　　　失去了隱形朋友等等。我會問他們，覺得自己為
　　　　隱形朋友的生活做了什麼，讓他們去猜想這段友
　　　　誼的結束對隱形朋友來說代表了什麼。然後我們
　　　　一起探索重逢的可能性，討論重逢可能賦予雙方

怎樣的力量。接著我們會一起計畫要怎麼和隱形朋友重逢。我參與了很多次這樣的重逢，而且發現都是非常動人且「溫馨」的場面。

　　在重逢之後，個案便可和隱形朋友一起整理記錄惡意的聲音在言語行為方面常見的習慣，一起預測這些聲音之後會用怎樣的方式來建立威權，一起計畫他們要如何搭檔做出回應等等。

史都華：聽起來很妙！雖然我們大部分都在討論思覺失調，但我覺得這些概念也適用於其他許多所謂的精神疾病。

懷　特：沒錯。舉例來說，像是被診斷為躁鬱症的個案，可以運用外化的對話對誇張的想法與沮喪的聲音進行解構。過程中，個案會感受到與這些想法和聲音產生一定程度的疏離，發現自己更能監控自己的情緒狀態，培養出早期介入的技巧，重新掌控自己的生活，不受這些想法與聲音不穩定地影響自己，而且比較能夠面對生活中情況嚴峻的場面。但這又是另一個故事。

史都華：在原本的訪談中，我問過你對健康／正常的定義有何看法。當時你的回答是：

我認為所有關於健康與正常的定義都有
點問題。因為不管出處為何，最後全部會回
到生活與人際關係的說明，而且雖然盡量不
想去強調，但都是為了要去操弄掌控。正常
的定義一定是從積極的角度與理想的概念出
發，但我覺得這樣無法持久。簡單地回顧健
康／正常概念的歷史，會發現這些概念其實
很讓人氣餒。

　　所以你提出的方法，和大部分固有的健康與
正常概念很不同嗎？

懷　特：我相信是這樣沒錯。但有時候我們去研究這些健
　　　　康與正常的概念，究竟是怎樣的想法與做法，也
　　　　會很有幫助。透過這些概念與方法的辨認釐清，
　　　　並了解目標內容，個案就能擁有更好的角度與機
　　　　會不去理會這些概念對他們的生活所做的刺激。
　　　　　這樣的知識也能讓我們與個案一同去探索他
　　　　們生活中的相關層面，也就是應該要認知到、但
　　　　卻與健康和正常的定義不相符的部分。個案在對
　　　　這些層面有了更多了解與接納之後，就能夠更尊
　　　　重自己，拒絕不讓健康與正常的主流標準發展出
　　　　的概念與方法去控制他們的生活。

史都華：為什麼去認知與尊重這種抗拒會這麼重要？

懷　特：我遇過的許多擁有「思覺失調」歷史的個案，通常會覺得自己在好好做人方面非常失敗，也就是說他們覺得自己無法按照主流定義的健康與正常方式去生活。社群中的其他人認知到這種現象，也將之定義為失敗，因此讓擁有「思覺失調」、「躁鬱症」等歷史的人不斷加深他者和邊緣這種自己原本就很熟悉的感覺。

　　為了對應這樣的狀況，許多被診斷為精神失調的個案，從社群其他人的角度來看，最後都會喪失一小部分道德價值。個案本身則會因為自己無法「做到」而自責難過。不僅如此，他們還常常會讓自己承受更大的壓力，試圖根據這些健康與正常的標準去塑造生活，一直反覆到「精疲力竭」。這在面臨的生活場面情況嚴峻時最常出現。

史都華：我們所有人或多或少都會用健康／生病、正常／異常這樣的連續光譜來評價自己的生活。

懷　特：是的。但是我們許多人都能比別人有辦法去符合健康與正常定義的標準，大致上都能成功地壓抑

自己，以符合所謂的「真實」狀態，並藉此複製
文化中讚揚的「個體性」，雖然我們內心都知
道，自己並沒有與呈現在這個世界的外在樣貌那
麼符合。但是思覺失調表現出來的狀態，對於所
謂「冷靜自持」、「自給自足」、「自我實現」
等文化的存在方式來說，是一種詛咒。在我們的
文化中，思覺失調的經驗會讓個案失去投資人格
發展的立足點。

史都華：所以你認為，應該要幫助個案尊重他們能夠認知
到的各個生活層面，包括不符合主流的健康與正
常概念的部分。你也討論到，對於這些層面的詮
釋，讓個案能夠將之視為拒絕的形式或抵抗的行
為。這就是你所謂重新打開「人格發展投資」機
會的方法嗎？

懷　特：是的，沒錯。是對於其他同樣可以稱為人格的發
展進行投資。

史都華：這裡會運用外化的對話嗎？

懷　特：會。舉例來說，和健康與正常的主流概念相關的
各種想法與做法，都可以外化成「期待」與「企

圖」。期待與企圖的要求、各種刺激的方式，還有如何規定個案的生活，都可以進行探索研究。這樣能夠讓個案將自己的生活與自我認同抽離這些概念與方法，將原本被認定是失敗的空間打開，重新詮釋為抵擋或抗衡。將自己的生活抽離健康與正常主流概念定義的存在方式，個案就能體驗到自由的感覺，去探索在這個世界上生存的其他方式。

史都華：能夠自由地探索其他生存方式，應該就能讓個案的生活減少很多壓力，甚至可以讓他們更能去面對未來會遇到的嚴峻場面。

懷　特：非常明顯。

史都華：外化的對話是透過提問的過程進行嗎？

懷　特：是的。從頭到尾都會持續提問的過程，即使個案在閱讀治療過程手稿時，也同樣會提問如下：你覺得現在這樣的速度符合預期嗎？適合你嗎？

史都華：在《故事・知識・權力：敘事治療的力量》（*Narrative Means to Therapeutic Ends*）一書

中，你和艾普斯頓舉了很多治療書信與其他文件的例子，幫助個案按照他們比較喜歡的故事來重寫自己的生活。這裡也會使用書信與文件嗎？

懷　特：當然會。感覺到壓力的時候，也就是覺得自己在面對惡劣狀況、明顯受到脅迫的時候，會變得特別需要知識的協助。在這種時候，我們通常會發現自己極為缺乏創意，無法面對目前所處情況，平常使用的解決方法現在似乎都想不起來，能夠採取的行動選項似乎也都消失了。注意力焦點變得十分狹小，開始感受不到自己的身分認同，而且承受的壓力常常會變得特別強烈，讓我們呈現幾乎是癱瘓的狀態。

　　而處於思覺失調狀態下的個案，在這種時候就更無法運用原本擁有的知識以及偏好的身分認同。這種失落會帶來更大的個人不安與沮喪，並造成更嚴重的情況。所以，如果個案隨時帶著自己的身分認同文檔，其實意義重大。他們可以在感覺到失去原本擁有的知識，身分認同感面臨危機時，拿出文檔來參照。

史都華：這些文檔是什麼樣子？

懷　特：文檔有很多不同的層面，以及很多可能的形式。這樣的文檔可以包含對於個人能力發展的敘述，如何用自己的力量去改變自己的生活。也是一份個人主權的敘述，強調被稱為個案「主權自我」的部分。還包含了與個人主權的行為抗衡的細節，並在這樣的背景之下，強調個案近期運用了哪些方式，對自己生活的方向表達更多的意見。

　　　　這些文檔充滿希望感。舉例來說，文檔通常會包含個案在早期生活中擁有的個人特質與其他個性等細節，並幫助思考在何時、何地能重新運用在個案的計畫與目標上。這些文檔同樣包括了個案近期發展的問題解決技巧等細節。

　　　　文檔中如果提到他人對認同主張的反應，是至關重大的，只要能夠對個案其他身分認同敘述做出適當反應，就會在文檔中特別加註。這些來自他人的反應絕對不會草率處理，文檔的用字會精準地把對方認知到的反應記錄下來。

　　　　個案可以隨時參照這些文檔，這在承受壓力或遇見危機時特別有用。因為這種時候，個案會擔心無法運用他們原有的知識。要讓文檔更具功效，通常會加上一段自我參照的文字，透過揭露的方式進一步削弱聲音的力量，讓個案能運用與聲音之間經過修正的關係來回應危機。但其實不

僅如此，也許我在這裡可以舉個文檔的例子。

貝芙願意提供她的文檔，來幫助其他受到聲音掌控的人擁有其他可能性。她也很想要得到大家的回饋，可以的話，讀過文檔的朋友可以透過杜維曲中心轉交信件。

這份身分認同的文檔是按照貝芙的要求寫成，沒有固定形式，譬如也可以只列出要點大綱。

史都華：你剛剛說可以隨時把文檔拿出來參照？

懷　特：是的。尋求諮詢的個案常常會隨身帶了好幾份這類的文檔，如此一來就可以隨時隨地拿出來參照。這麼做可以有效減輕個案在面對日常生活中的挑戰與混亂時產生的焦慮，也能讓他們在面對嚴峻的生活場面時不會那麼無助。

史都華：感覺起來你在這裡提出了許多概念與做法，的確可以幫助個案不要那麼強烈地認為自己是個失敗者。他們手邊隨時都有一份另一種版本的生命故事文檔。但我還是想知道，發生需要入院的嚴重危機時，究竟是怎樣的狀況？接下來該怎麼辦？

懷　特：你沒說錯，我強調的就是不要讓個案那麼強烈地
　　　　認為自己是個失敗者。在我們的文化中，要體驗
　　　　失敗的機會實在太多了，隨時都有可能發生。就
　　　　像之前討論過的，和他人相較，有些人就是比較
　　　　無法面對失敗的情況。對他們來說，失敗的經驗
　　　　會非常明顯地讓他們復發。基本上，這會破壞他
　　　　們的生活品質與生活規律，造成非常嚴重的後
　　　　果。

　　　　　所以，我們應該要確保治療的工作情境能夠
　　　　降低個案認為自己在世上就是個失敗者的可能
　　　　性。不管是入院的情境或是其他任何情境也該如
　　　　此。然而不幸的是，以目前的架構來說，大部分
　　　　需要住到精神病院的狀況，多半都會認為是因為
　　　　退化了才要緊急入院。

貝芙的身分認同文檔

　　上禮拜，在非常偶然的情況下，貝芙能夠堅持到
底，面對極大的挑戰，還能找到對應的方法。這次她
終於取得優勢，重新奪回自己生活的領域。通過這次
重要的考試，貝芙給自己六分（滿分十分），麥可給
她七分，蘿西給她七分（給分是貝芙的要求）。

　　在檢討貝芙是靠著怎樣的個人特質而成功時，第

一個想到的就是耐心與力量。這是貝芙以前擁有的兩種特質，每當遭遇困難時，都是靠著這兩種特質撐過去。現在耐心與力量又再度重回到她身上，真是值得高興。

貝芙以前還擁有其他特質，像是堅毅、勇氣、恢復力和持久力。可以期待這些特質再度回來，讓貝芙能夠面對聲音的虛假主權所帶來的挑戰。目前所提到的所有特質，貝芙的父母和兩個姊妹都曾經注意到過。

除此之外，從貝芙的近況還可以看到她發展出一些嶄新的個人技能，包括了向外拓展、自我欣賞與自我接納。貝芙的母親和姊妹很開心看到這樣的狀況，也認同這項個人成就的重要性。

另外還有一些發展，可以看到貝芙逐漸從長期持續的喪父傷痛中走出來。這一點非常重要，因為她了解到，父親的形象還是深具影響力，但不應該掌控她的生活。

因為這些事實可以大幅削弱惡意聲音的力量，所以貝芙只要遇到聲音的侵襲便會唸出文檔內容來對應。這樣可以抵抗聲音的虛假及其宣稱的狹小本質，讓聲音退居生活中的次要位置。

　　個案是因為「喪失代償作用」等等原因，所以才以「中場休息」的形式入院。入院這個動作，打斷了個案生活的行進，賦予了最為負面的意義。將緊急入院的危機歸因為退化時，最常出現的詞彙便是沮喪、失志，當然還有痛苦。不管是對需要入院的個案，或是個案的家人、親戚與朋友，都是如此。親戚朋友通常會感覺到自己的無能，沒能對入院的個案在給予支持上「做得更好」，而且也常常會在這種時候產生實際的罪惡感。同樣地，入院的負面意義對所有相關的人來說，加劇了對未來的無望，以及要面對與入院個案之間的關係可能漸行漸遠的個人恐懼。因此，將緊急入院的危機歸因於退化的話，會對相關人士的生活與關係造成重大的負面影響。

史都華：但即使對入院這件事可以提出其他版本的故事，你也不認為入院應該是值得慶祝的事，對吧？

懷　特：絕對不是。在危機出現的時候，體察到個案的痛苦心情是很重要的事。不過我相信失敗的感覺，還有因為這種情形入院造成沮喪與失志的相關經驗，其實不是絕對會發生。事實上，我相信這類的經驗大多可以避免。我們可以幫這些入院的情

況建立不同的接收框架，例如從其他的角度去詮釋緊急入院的危機，為相關人士打造比較正面的結果，還有減少個案在這樣的情況下經驗沮喪、失智與失敗的可能性。

因此，在個案發生需要入院的狀況，經歷整個入院過程，而陷入沮喪時，旁人能夠感同身受的話，入院的意義就有商量的餘地。事實上，不管情況怎樣，意義都可以商量，透過商量而產生的特別意義，對於結果來說有著非常重要的影響。

史都華：關於其他接收框架的部分，可以舉個例子嗎？

懷　特：「通過儀式」的隱喻就提供這樣的一種框架（註2）。我對於這個隱喻的理解，是來自人類學家范傑納（van Gennep）（1960）與透納（Turner）（1969）的著作。根據他們的說法，通過的儀式會用三個階段來促進生命中的轉化，包括隔離的階段（separation phase）、過渡或中間的階段（liminal or betwixt-and-between phase），以及重新整合的階段（reincorporation phase）。

我不認為適合在這裡討論兩位人類學家著作的細節，因為內容大部份都是在說明怎樣的結構

可以在傳統文化中促進人類生命階段的轉化。所以在這裡我只會稍微討論一下通過儀式這個隱喻。

　　根據這個隱喻，通過儀式的第一個階段，會透過集體的儀式過程，來進行新成員從社會秩序的某個特定階層與位置，或說是從生命的某個特定「狀態」，脫離或抽離開來。第二個階段，新成員會進入一個介於已知的兩個世界中間的空間，在這裡所有的事物都和以前不同，是處於曖昧的原始狀態，能夠經驗到許多困惑與茫然。新成員之前以為理所當然的事情，現在都不能再用同樣的眼光去看待。等到過一段時間，新成員被認為可以再度進入熟悉的世界，但這次會站在社會秩序中一個不同的位置上，伴隨著新的責任與自由，新的思考與行為習慣。這就是重新整合的階段，在傳統文化中，是由整個社群透過儀式來進行認同。新成員不再是新成員的身分，而是抵達了一個之前無法獲得的生命位置。對於這個重新整合出來的新認同宣稱，集體認知扮演了一個去肯定與證實的重要關鍵角色。

　　如果我們要使用這個隱喻作為入院的接收框架，那麼入院就會變成出院，而出院就會變成入院。在入院這個時間點，個案可以說是脫離了一

個不再適合他們的特定社會世界裡的階層或位置,而接下來便要考慮到一連串的問題,關於個案脫離的究竟是期待、角色、責任、義務、規定、思考與行為習慣、關係,還是特別的生活狀態或條件等,但不管理由為何,總之就是不再適合或不能接受的層面。壓力很明顯地造成嚴峻場面的發生,所以很多的問題都可以導向去分辨個案生活中究竟有哪些壓力,哪些事情讓他們過度拉扯超過合適的狀態。

我在這裡舉出的問題,可以在入院時與家人朋友面談提問。有時候,遭遇嚴重危機的個案沒有辦法「出席」這樣的面談。如果是這樣的話,這些需要思考後回答的問題,可以在個案比較「有辦法」回答的時候再來檢視。

史都華:我想你在這裡使用的通過儀式隱喻,應該可以讓個案對入院與「住院病人」階段產生非常不同的理解。

懷　特:這個隱喻讓個案在危機發生時幾乎一定會產生的困惑與茫然,能夠得到重新詮釋。因為這個隱喻主張「住院病人」階段是一個過渡或中間的階段。個案可以將這個事實認知為,在脫離某個位

置與到達另一個位置中間，總是會有一段距離。
而在這個空間，會產生某種程度上的困惑與茫然
是很合理的事。在這種接收框架的情境中，這些
經驗就不會被定義成退化，而在實質上是前往新
的生命位置時不可避免的結果。

　　要在入院階段促進這種經驗詮釋的作用，醫
事人員可以花一些時間與個案及其親友網路成員
討論一下：a. 進一步思考個案可能脫離了哪些位
置；b. 怎樣的生活狀況應該比較適合個案，或
怎樣的生活品質個案會比較喜歡；c. 研究各種線
索，是不是能想出一些生活方式，讓個案進入這
種特殊轉化的完成階段。

史都華：我猜出院應該就是「重新整合階段」？

懷　特：是的。可以再安排一次稱為重新入院的會談，讓
　　　　家人、朋友、認識的人、醫事人員等等前來參
　　　　與。會談中會讓個案以能夠掌控主權的方式來討
　　　　論自己的生活，敘述自己的旅程，用這樣的會談
　　　　來釐清可以改善生活品質的狀態，以及比較適合
　　　　個案本人的生活狀態。在這個情境下，希望其他
　　　　與會人員能將個案視為擁有自我主權與生活知識
　　　　的主體。同樣地，希望所有與會人員能多多探索

與個案之間關係必要的其他可能性，好來適應這些改變。

史都華：對許多經歷的入院過程個案來說，這產生怎樣的影響？

懷　特：雖然機會並沒有我希望得那麼多，但若我可以建構出這種接收情境，絕對是具有減少入院時間長度與次數的效果。只是樣本數很小，近幾年來我也沒有機會去進行追蹤。

　　　　對建立另一種接收框架來說，最重要的是讓個案學會用不同的方式去解讀自己的沮喪與困惑經驗。這樣甚至可以讓他們用不同的方式去因應較輕微的思覺失調現象，也就是讓他們的反應不致於嚴重到需要住院。這些經驗象徵著進入過渡階段，擁有更進一步選擇適合自己生活方式的可能性。於是沮喪、不安與驚慌，這些會加重思覺失調現象的複雜情緒，都被強力地化解了。在這種沮喪、不安與驚慌之中，我們看到了對於轉化的好奇，以及幫助個案度過危機的希望，都在確實地發展。

史都華：那麼如果之後還是需要入院呢？會不會破壞通過

儀式這個隱喻的有效性？

懷　特：只要是事前預知的入院就不會。事前預知會再度
　　　　入院也是合理會發生的事。人生是由一連串的轉
　　　　化所組成，這個概念在我們的文化中並非創新。
　　　　而且我們可以肯定地說，個案只要是在通過儀式
　　　　隱喻的情境下入院，就極可能經歷更進一步的轉
　　　　化，也就是隔離、過渡與重新整合三個階段。如
　　　　果入院的狀況良好，那麼也可以成為個案生活中
　　　　能讓過渡階段之間溝通流動、不算太糟的一個情
　　　　境。

　　　　　　因此，如果個案過去曾經頻繁入院多次，我
　　　　們通常坐下來和他們討論，在思覺失調症狀出現
　　　　之前，先行安排可能的入院事宜，會是個明智的
　　　　做法。這樣的安排可以透過之前入院狀況的探
　　　　討，決定兩次入院之間的平均時間間隔，然後在
　　　　每次安排好的時間之前提早一點入院。

史都華：那麼，之後的入院會是什麼狀況呢？會是如何架
　　　　構而成呢？

懷　特：就和我們之前討論過的一樣。入院可以視為一個
　　　　暫時休息的機會，用來檢視個案的生活，判斷哪

些層面可能與最適合個案的生活方式有所出入。也讓個案有機會辨別怎樣的生活狀態可能讓他們感受到壓力，其中又有哪些狀態是他們準備好要讓自己的生活脫離的。

史都華：所以這代表個案最後不會變得越來越常入院嗎？

懷　特：我們在訪談中討論的所有治療方法，都有減少入院的作用。我現在說明的先行入院安排當然也是。我提倡的這種入院，事實上可以有效對付面對嚴峻場面時的發作。隨著個案失能經驗的減少，便能開始調整入院的時間長度，並延長兩次入院之間的時間間隔。

史都華：我們真的能夠實際相信，對這種翻轉程序的做法，精神病院之類的機構會有興趣而且願意去做嗎？

懷　特：我認為機會應該不小。許多行政主管與臨床主任都在尋找目前入院制度的可行替代方案，希望能改善接受入院治療個案的生活品質，並且處理機構工作人員常發生的極度萎靡與士氣低落現象。

史都華：在國內（美國），保險公司可以對治療方式提出許多意見，包括入院以及入院時間長度。在這樣的情況下，你的建議能夠好好的執行嗎？

懷　特：我不太清楚這裡面的眉眉角角，所以無法多說什麼。但我的主張很明顯可以讓保險公司和其他每一個人一樣都受益，只是不知道保險公司是不是有那個智慧明白。

史都華：在整個訪談中，你對我問題的回答傳達出心理健康專家對於自己的工作抱持的強烈可能性。但是如果心理健康專家想要採取你在訪談中的主張，卻又不受到所屬機構的支持，或者權力位階沒有那麼大的話，可以選擇怎麼做呢？

懷　特：我們文化中的機構通常都無法成功建立起說一不二的霸權。因此在大多數的機構中，從業人員可以透過其中一些緩衝空間與間隙，表達自己的道德主權。而藉著這些間隙，我們都可以在自己任職的機構中推動轉化的工作。

　　我們可以忽略這些機構自己訂定的界線，走到外面鼓勵個案去分辨清楚，怎樣的敘述方式會尊重與讚揚他們擁有的知識，怎樣的敘述方式會

讓他們的生活邊緣化，蔑視他們擁有的知識。我們可以和個案一起發展出一些讓機構能夠明白的方法，促進這些機構能進一步主動發展個案能感受到更多個人充權的治療方法。我見過許多原本是心理服務「客戶」的個案，擔負起教育的角色，用慈愛與同理的心去關照機構中的從業人員。

史都華：這次的訪談有點長，也許我們應該要準備告一段落。最後你還有什麼想說的嗎？

懷　特：有的。雖然訪談很長，但我們只討論了這個治療方法的其中一部分。還有許多其他方面需要考慮。

史都華：你可以稍微舉些例子嗎？

懷　特：好的。像是對診斷出精神疾病的個案提供適當的社區支持，就是一項非常重要的考量。想要了解這個部分的讀者，或是還沒有意識到這個部分的讀者，建議可以參閱畢爾斯（Chris Beels）的《隱形村莊》（*Invisible Village*）（1989），是很好的入門資料。

史都華：麥克，這次很高興與你對談。我想你提出的主張，對於所謂精神病人被貼標籤、排擠、歸類、抹消，以及邊緣化的現象，或是你說的被掌控（這個用詞讓整個過程增加了一些政治意味），的確是一種挑戰。感謝你特別讓我們注意到這個層面。

懷　特：我也很高興藉此機會又和你聯繫上，同時對於這個議題有更深入的討論。

註釋

1. 【審閱註】「凝視」並不是普遍的術語，文中用這樣的字，有強調如何專注地去注視和看見的提醒。這樣的用詞也帶有詩意和動作感。

2. 【原註】這個隱喻也有其他人使用在類似的目的上，也就是對於進入住宿照護的設施入住方式的修正（參見曼西斯〔Menses〕與杜蘭特〔Durrant〕，1986）。

第三章

再次說「哈囉」：
悲傷處理中失落關係的整合

麥克·懷特　撰

佛洛伊德……認為哀悼過程是在活者中發展
出一種新的現實，即不再認為是一種失落，才算
完成。但……必須增添的是，完全從哀悼中復
原，也可能回復了已經失去的事物，透過接納讓
過去的失落與現在融合。對於回復到健康狀態來
說，完整的回顧和記憶，與失去的回憶具有一樣
的重要性。（梅爾霍夫〔Myerhoff〕，1982，
111 頁）

　　我研究「再次說哈囉」這個隱喻及其對於哀傷處理的
應用已經好一陣子。會進行這項研究，是受到一些來訪者
特殊的經驗所啟發，他們在別的地方被診斷為受著「延長
的悲傷」或「病態的哀悼」之苦。許多這樣的人接受了密
集而漫長的治療，用了悲傷過程的標準模式進行引導，或
是用了化學藥物來處理人生的問題。

　　我發現，這樣的人通常會很熟悉悲傷的地圖，可以在
地圖上找到與他們經驗對應的位置。他們很清楚自己在處
理悲傷時失敗了，無法抵達適合的終點。他們「知道」自
己在抵達的終點時會經驗到完整的「再見」，接受摯愛的
永遠離去，希望自己能展開一個沒有對方的新生活。

　　在第一次接觸時，有著「延長的悲傷」或「病態的哀
悼」經歷的人，會看起來好像同時失去了他們的「自我」
與摯愛的人。不需要任何提示，他們就會讓治療師了解到

自己的失落及其對後續生活的影響，任意地與自身空虛、自貶與沮喪感受等細節連結。他們的絕望通常會讓我在治療一開始就感到窒息。雖然，我一下子就能辨識出這些人是在邀請我加入這些「感覺都差不多」的「說再見」隱喻對話，不過大部分時候，我都可以成功地置身事外。

在這樣的情況下，可以預測地，如果堅持採用「悲傷處理」的一般方式，通常會讓情況更加複雜，無法讓來訪者回復力量、豐富人生。來訪者所經歷的孤獨建立起一種治療的情境，在處理失去的這段關係上，感覺是接納這樣的狀況比捨棄這段關係更為重要。就是因為這樣的想法，才讓我展開了對「說哈囉」隱喻的研究。

以這個隱喻為依歸，我設計了一些提問，希望讓來訪者能夠與失去的摯愛重新建立起關係。這些問題解決空虛與沮喪感受的效果出奇地好，所以我決定進行進一步的研究。我希望更完整地理解整個過程，以更有效地幫助來訪者，幫助他們在與逝去摯愛的關係中重新找到定位，這樣的重新定位能夠讓來訪者獲得他們強烈渴求的慰藉。

瑪莉

瑪莉在四十三歲的時候開始尋求協助，希望能處理所謂「無法解決的失落感」。大概在六年前，她的丈夫榮恩突然因為心臟病發過世。這完全是她沒有意料到的狀況。在此之前，瑪莉覺得一切都很好。她和榮恩之間有著「愛

意滿滿」的情誼，兩人都非常珍惜這樣的關係。

榮恩的過世崩解了瑪莉的世界。她被悲傷擊垮，從此感覺「麻木」，「彷彿行屍走肉般地生活」，不管是誰都無法讓她感到安慰。雖然經過好幾次諮商，嘗試「處理」她的悲傷，但這種麻木的感覺還是沒有消失。藥物也無法讓她舒緩。而且瑪莉還持續了五年的諮商與「接受現狀」的治療，想讓自己多少能好起來。

我第一次見到瑪莉時，她說她已經完全放棄希望，即使是表面上的康復也不敢奢求。她覺得自己永遠無法好好說再見。瑪莉讓我觸及到她的絕望之後，我請她試著跳脫榮恩死亡這個「非常嚴重」的結果。

我相當質疑「說再見」對處理悲傷是否有幫助，覺得對榮恩「說哈囉」會是一個比較好的做法。此外，我也認為瑪莉深刻體會到的蒼涼與悲傷，可能正表示她的再見其實已經說得相當徹底。瑪莉的反應既驚奇又迷惑。她真的沒有聽錯嗎？我又再重複說了一次，然後第一次看到了她臉上出現明朗的表情。

然後我詢問她，有沒有興趣試試看對榮恩「說哈囉」，還是覺得榮恩在她心中埋藏得太深，沒有辦法接受這樣的想法。瑪莉開始啜泣，輕輕地，而不是大哭。我耐心地等著。大概十到十五分鐘後，她突然說道：「沒錯，他在我心中埋藏得太深了。」她露出微笑，表示也許「稍微把榮恩挖出來一點」可能會有幫助。於是我開始提問以

下的問題（註1）：

- 如果現在透過榮恩的眼睛看到自己，妳會注意到自己的哪個部分值得欣賞？
- 如果妳現在有辦法欣賞自己的話，感覺會有怎樣的不同？
- 如果恢復成榮恩認識的那個快樂的妳，那麼妳能覺察到的會是自己的哪個部分？
- 如果能保持這樣的狀態，讓自己每天都能鮮明地生活，日子會有怎樣的差別？
- 這種感覺對於妳回復正常生活步調會造成怎樣的不同？
- 妳要如何讓別人知道，妳已經恢復了榮恩很清楚、妳自己也覺得很欣賞的某些特質？
- 對於自己過去六年來被隱藏的部分有了覺察，能夠如何幫助妳改變妳的生活？
- 現在妳重新認識了自己，對於妳人生的下一步會造成怎樣的不同？
- 為了邁出人生的下一步，妳認為必須還要對自己被隱藏的哪些特質有所覺察？

　　瑪莉時而悲傷、時而欣喜，磕磕絆絆地回答完這些問題。接下來又進行兩次諮商後，她告訴我對於自己和人生

有了什麼重要的再發現。大概又過了十二個月後的例行追蹤，瑪莉說：「很奇怪，在我發現榮恩不需要為我而死，我也不需要與他分離之後，我變得沒有那麼想他，生活也豐富了起來。」

約翰

約翰在三十九歲時向我尋求協助，他在「自尊自重」方面一直以來都有問題。他無時無刻都對自己很苛刻。一直以來他總是渴求著別人的讚賞與認同。因此他又更恨自己，堅信自己缺乏內涵，而且大家都看得很清楚。

約翰覺得妻小都很愛自己，而且相信自己生養這個家庭，可以改善困擾的自我懷疑傾向。但實際上卻幫助有限。只要一點點小事，很容易就會讓他開始自我懷疑。約翰已經尋求過各種不同的專業協助，但卻無法獲得他想要的抒解。

檢視過約翰漫長的自我否定過程之後，我更深入地詢問了他個人經歷的細節。他告訴我，就他所知，自己快樂的童年一直持續到年幼的七歲。但就在八歲的生日之前，母親過世了。家族裡沒有人能順利度過這個檻，甚至約翰的父親還失蹤了一陣子，沒有人找得到，包括約翰自己在內。約翰清晰地記得母親過世時的每一件小事。他有好一段時間無法相信母親的過世，一直期盼自己在下個街角就能看到母親的身影。接著他完全地心碎了。最後約翰的父

親再婚，對象雖然是個好人，但「破鏡難再圓」。

我問約翰，如果沒有發生這項變故，母親沒有過世，那麼他對自己的感覺會有怎樣的不同。這時他突然哭了出來。他是不是覺得母親離開他的生活太久了呢？母親在他的生命中維持缺席的狀態，真的是有幫助的嗎？約翰看起來很驚訝。介意我再多問些問題嗎？「沒關係，就問吧。」我繼續以下的提問：

- 母親用慈愛的雙眼注視著你的時候，她看到了什麼？
- 她是怎麼去了解你的這些部分？
- 你的哪些行為讓她了解你的特質？
- 你覺得現在的自己已經失去哪些特質很久了？
- 如果你在日常生活中對自己失去的特質有所覺察，這對你和他人之間的關係會造成怎樣的不同？
- 這個特質能夠怎麼幫助你比較容易做自己，而不是為他人而活？
- 你要怎麼跟別人介紹這個新的自己？
- 讓別人認識這個新的自己，對你的自我成長能有怎樣的幫助？
- 這種自我成長的經驗，會如何影響你與自己的關係？

之後我和約翰每兩週見一次面，總共諮商了三次，然後八個月後進行一次後續追蹤。在這段期間，他運用了各

種不同的方法，讓自己呈現出母親眼中的「形象」，然後與自己建立了一種新的關係，能夠自我接納，而不是自我否定。對於以前會讓陷入自我懷疑的狀況，現在已不再覺得軟弱無力。

討論

經驗的經驗

• 如果現在透過榮恩的眼睛看到自己，妳會注意到自己的哪個部分值得欣賞？

看起來最能幫助希望重建重要關係的問題，都是讓來訪者去敘述他們認為逝者對自己有怎樣的正面評價。這樣的敘述是一種在逝者經驗的某些特定面向中，對於來訪者經驗的表達。這些問題的效果非常立即而明顯，觸及的記憶不只是過去事件的客觀事實，而且還是完整且鮮明地去重溫當時的經驗，整合了來訪者所有的感官與情緒。

我們可以很清楚地看到，這種敘述讓我們能夠重新經驗到過去的自己。各式各樣已經失去或遺忘的自己，似乎又能夠從我們的口中表達出來。那麼這個過程該如何解釋？

為了讓生活中的方方面面都獲得合理解釋，我們必須努力調整經驗事件發生的時間順序，好與自我的敘事相合。過去與現在的特定經驗事件，與未來可能會發生的經驗事件，會產生連結並發展出這樣的敘事，這就是所謂的故事或自我敘事：

> 過去、現在與未來，是以線性的順序進行建構與連結，而且由系統性而非隨意的關係所定義。我們對任何一個細節的描述，都和我們對於整體的概念相關，這個整體就是我所認為的故事。（布魯納，1986a，141 頁）

成功的敘事讓我們的生活產生連續性與意義。我們仰賴這樣的連續性與意義，讓生活獲得秩序，去詮釋未來的經驗。然而，我們也必須為此付出代價。敘事無法重現布魯納（1986）所說「活出的經驗（lived experience）」的豐富性：

> 活出的經驗比論述來得豐富。敘事結構組織經驗並賦予意義，但主線故事沒有辦法涵蓋所有的情感與活出的經驗。（布魯納，1986a，143 頁）

敘事的結構需要一個篩選過程來追索。我們從自己的經驗中，刪去那些自己和他人認為與我們本身主線展開的故事不相關的事件。於是，經過了長久的時間之後，我們發生過的生活經驗，有很多都沒有被組織成故事，從來沒有被「說」或表達出來。

然而，在某些情況下，是有可能將原本忽略掉的生活經驗面向，以沒有篩選更動過的形式重新體驗一次。在這種時候，依照時間順序編排的事件，便暫時以梅爾霍夫（1982）所說的「同時性」（simultaneity）來呈現。因此，「一個人過去所發生過的所有事件便產生了一種合一感」（110頁）。

我相信那些詢問來訪者認為逝者對自己的想法的問題，可以產生這種合一感。回溯經驗的過程，能夠找到之前失落的另一種認知，並重新呈現出來。於是來訪者便能對自我產生一種嶄新而豐富的認知與驗證。

另一種認知的篩選

• 如果恢復成榮恩認識的那個快樂的妳，那麼妳能覺察到的會是自己的哪個部分？

在鼓勵來訪者從重新體驗的過程中獲得另一種認知的狀況下，我發現了其他有助益的提問方式。這些問題會讓

來訪者去重新檢視自己的經驗，找到最具吸引力的另一種自我認知的「事實」。這些「事實」可以幫助來訪者還有其他人「寫出」自己新的人生故事。

這些問題還可以幫助來訪者逐漸覺察到：

> 每說一次故事，都是對記憶流任意地賦予一種意義。我們會突顯某些原因，削弱另一些原因。也就是說，每個故事都是一種詮釋。（布魯納，1986b，7 頁）

自我認知的循環

- 妳要如何讓別人知道，妳已經恢復了榮恩很清楚、妳自己也覺得很欣賞的某些特質？

因為「自我」是被呈現與演繹而來，所以如果採用循環式的提問，反覆加強另一種自我認知所帶出的新概念與新意義，這個新的自我就能更加的穩固：「好不容易得來的意義必須要被說出來、畫出來、舞出來、演出來，反覆循環加強」（透納，1986，37 頁）。

要達到循環加強的效果，新意義的演繹需要觀眾。提問內容的設計可以讓我們辨別篩選出正確的觀眾。觀眾一

邊「閱讀」新的意義，一邊透過回饋參與了來訪者新的自我產生的過程。自我的產生需要反覆的堆疊，一方面演繹出個人經驗中篩選過的面向，一方面讓這樣的演繹進入個人經驗的事件累積，成為自我認知的一部份。

對於創造的產生有所覺察

- 現在妳重新認識了自己，對於妳人生的下一步會造成怎樣的不同？
- 為了邁出人生的下一步，妳認為必須還要對自己被隱藏的哪些特質有所覺察？

我們還可以更進一步提問，鼓勵來訪者更完整地去享受在自我認知產生時，自己所扮演的創造者角色。對於創造的產生有所覺察，可以提供來訪者新的可能性，去修正自己人生的道路。

來訪者覺察到在這樣的演繹中，自己不但是演員也是觀眾的時候，對於他們可能需要接受的另一種自我認知，就有了新的選擇。而且他們會感覺到自己是「自我認知的著作者」（梅爾霍夫，1986，263頁）。

其他應用

失去稚齡子女

　　失去了稚齡子女的父母，包括流產的狀況在內，可能會發現「說哈囉」這個隱喻很有幫助。在了解這個概念之後，他們對於猜測孩子對身為父母的他們會有怎樣的想法，感覺沒有之前那麼困難了，而且也比較能夠接納釋懷。

兒童虐待

　　這個隱喻的延伸運用，對於有著重複受到嚴重虐待歷史，因此「接受保護安置」的兒童也相當有幫助。受虐的經驗通常會讓這些兒童將自我與仇恨連結起來，然後透過毀滅性的行為去殘害自己的生命與未來，盡可能讓自己失敗墮落。

　　這樣的情況，我會和受虐兒童與安置機構的照顧社工一起進行治療，找出「特殊意義經驗」（註2）（懷特，1988），辨識出對於這名兒童有著正面幫助、而非負面傷害的成人。這些特殊意義經驗可以來自過去與／或現在。舉例來說，我們可能會發現某個學校老師對這個孩子特別和藹可親，或是某個社工特別同情孩子的遭遇，又或是安置機構的照顧人員最近發現這孩子有了令人欣喜的重大進步。

　　一旦建立起特殊意義經驗，就可以進行提問，讓孩子透過演繹賦予這些事件重要的意義。提問會鼓勵孩子想像

與這些特殊意義經驗相連結的另一種自我認同。問題範例如下：

- 你覺得老師注意到你的哪個部分，是你的＿＿＿＿＿＿（虐兒的成人）看不到的？
- 你做了哪件事情讓老師注意到這點？
- 所以這位老師認識的你，有哪個部分是你自己也認同的？
- 如果＿＿＿＿＿＿（虐兒的成人）也看到了這些事實，也認同了你的特質，這會讓他們對你的態度有怎樣的改變？

這些問題，加上可以讓另一種自我認知以及對於創造的產生有所覺察反覆堆疊的循環式提問，都能夠逐漸消弭兒童的自我厭惡和殘害自己生命與未來的行為。

成人自虐

我也在成年男女身上運用過類似的治療方式，用來改善他們因為童年和青春期所遭受情緒與／或身體上的虐待，導致成年後對自己一直抱持著非常負面與否定的態度。這種自我否定是他們內化了施虐者以及施虐者對他們的態度所造成的結果。

這樣的人無法獲得休息。他們覺得必須強迫自己一直

努力，嚴格地要求自己，好讓施虐者滿意。他們無法相信生活中會出現的那個其實滿討人喜歡的自己。

讓這些人在近期發生的事件中找出特殊意義經驗，其實會有幫助。讓他們知道自己還是能夠以「自我接納」的態度來對待自己，或是能夠對抗掙脫施虐者建構的那個主要的自我認知。

一旦建立起特殊意義經驗，就可以進行提問，讓來訪者去敘述童年與青春期的經驗，從中找出過去自我接納或對抗掙脫的類似事件。這些過去的事件發生時，來訪者的年紀也是一個重點。然後接下來的提問才能夠幫助來訪者修正與自我之間的關係：

- 如果你現在透過當年那個十歲男孩的眼睛來看自己，他會看到你的哪個部分是他真正欣賞的？
- 你的人格發展有哪個部分對他來說最為重要？
- 在了解這個部分之後，他會鼓勵你試著成為別人，或是接納這個原本的你？
- 你覺得他為什麼會認為你是個好父親？
- 你認為如果你來當他的父親，會讓他的生命變得有何不同？
- 與_____（成年施虐者）的態度相較，你可以怎樣支持這個十歲男孩對你的態度？
- 這會讓你和自己的關係，以及你對待自己的方式，變

得有何不同？

這些問題的回答到最後都會變成另一種自我認知的修正與演繹，並且透過「自我設定」的經驗打造出與自己的新關係。

分離

「說哈囉」這個隱喻也適用於不是因為死別而失去的關係。通常這樣的失落，對於被動接受分離且希望持續關係的人來說，非常具有毀滅性。

這些人最常見的反應就是覺得受到伴侶的背叛，然後陷入極度的自我懷疑。很多時候，這種情況和沉醉在自以為是的憤怒有關。這些反應通常會連結到一種新的認知，就是伴侶從來都不是真心愛著他們，而「只是被綁在一起」。我把這種新的認知稱為「第二個故事」（second story）。

如果這種反應沒有改善，我們可以透過提問，從第二個故事的陰影中帶出「第一個故事」，也就是包含了被愛經驗的故事。提問會讓來訪者接納第一個故事，並主動與之產生關係。成功的接納可以消除自我懷疑與自以為是的憤怒。

結論

很多向我諮詢如何處理悲傷問題的人，都會發現「說哈囉」這個隱喻，以及隱喻衍生出的提問，其實很有幫助。一直以來，透過接納失落的關係，我發現被定義成「病態的哀悼」和「延長的悲傷」的這些問題都能獲得解決。接納之後，來訪者便能與自己建立一種新的關係。他們對待自己的態度變得更包容寬大，而且能夠以更友善而同理的情緒來面對自己。

本文提供了這個隱喻的實際使用範例。然而，可能的運用方式並不限於這些例子。

我在這裡強調「說哈囉」的隱喻，並非反對「說再見」隱喻的使用。我們常常需要說再見，包括對物質的現實世界，還有對希望與期待等等。不過，我相信悲傷的過程應該是「先說再見，再說哈囉」的狀況。

既然如此，我想說明的是每一種失落的經驗都是獨一無二，解決每一種失落的方法也是獨一無二。任何的隱喻，只有在解析出經驗的獨特性後，才能發生作用，去演繹這個獨特的經驗，而不是把來訪者套進一個規範好的模式裡。

註釋

1. 【原註】當然，本文中舉出的問題範例，治療師並不是密集地提問，而是在一種共同成長的狀態下展開。每一個問題都會根據來訪者對前一個問題做出的回應進行細微的調整。
2. 【編註】參考第一章註 7。

【第四章】

重組會員

麥克·懷特　撰

人際關係組成的生活，需要「群組」的隱喻在其中運作，帶來所謂「俱樂部的生活」（a club of live）。這個隱喻提供了我們各種選擇，探索俱樂部生活中的人際關係，俱樂部生活如何透過成員來組成，群組成員如何按照位階或狀態來排列高低。同時，這個隱喻在「重組會員」（re-membering）的敘事治療方法中，也產生幾種獨特的可能運作方式，建構出一種「特別的記憶」。在此我引用梅爾霍夫（1982）對此的解釋：

> 要說明這種特別的記憶，可以使用「重組會員」一詞，強調再次放大其中的成員，可能是個案人生故事中出現的角色，或是個案之前的自我，還有故事中其他的重要角色。因此，重組會員是一種有目標的重要整合，非常不同於正常的意識流動中，伴隨其他活動發生的連續但片段閃現的被動影像與感覺。（111 頁）

重組會員和群組隱喻的說明，讓我們有機會重新打造俱樂部生活的成員結構。這樣的運作讓人有機會對於自己俱樂部的生活中特定成員的狀態，握有更大的自主權。重組會員的運作，可以對於生活成員的位置進行調整，維持不動或往上提升，取消或給予特權，以及降級或升等。我們可以建立並授予各種不同的榮譽位階，包含一輩子的長

久關係。透過重組會員的過程，我們更加確定在自我認同上應該聽從誰的聲音，或是誰有權力對這些事情發聲。除了讓我們更能掌控俱樂部的生活目前成員的狀態，重組會員的方法也提供了一些選項，從能夠也願意加入我們的俱樂部生活，或可能在我們的俱樂部生活中獲得較高位階的人或團體中，進行挑選並建立新的人際關係。

重組會員的過程也讓我們更可能有機會直接覺察到，其他人對我們的生活做出了哪些重要而珍貴的貢獻。因為重組會員而產生的這種覺察，通常會讓做出貢獻的這些人感受到我們對他們萌發的特殊敬意。同樣地，在覺察到他人貢獻的同時，我們也會感覺到自己的生活變得更為豐富。這種覺察的動作也可以透過重新召喚過去生活中的一些角色，再次啟動目前處於靜止狀態的關係。這些運作讓我們體會到自己的生活故事，其實是以特定的主題、共享的價值觀與承諾，和其他人的生活故事連結在一起。不僅如此，重組會員的過程還讓我們在日常生活中，更能體會到這些角色完整的存在，即使他們在實體上並未與我們同在（例如過世了的人，或是已經和我們分開的人）。以這種方式產生連結的感覺，還有體驗到自己的生活變得更為豐富，都能為我們的生活帶來新的可能與經驗。另外，我們也能在獨自面對逆境時變得比較堅強──重組會員的方法可以沖淡孤獨的感受。

透過重組會員來調整俱樂部的生活中的人際結構，當

中獲得提升或是較高位階的成員，可以看做是建構自己較喜愛的人生智慧與生活方式時能夠提供更多助益的人際關係。而這些關係通常也曾經在我們建構較喜愛的自我認同時發揮功用。在檢視這些連結的時候，我們可以去辨別與探索那些人生智慧、生活方式，以及自我認同的特性——重要的發現、理解、結論、學習、解決問題的方法等，內容都變得更為紮實。不管是我們給外界的感覺，或是在生活中塑造新的行動訴求，以及表達這些訴求的特定方式，都受到極為重大的影響。

在開始檢視重組會員與治療師的工作和生活之間的關係之前，我要岔題一下。先來討論來訪者在諮詢治療的敘事過程中，重組會員的方法是如何運作。討論的內容是簡單地回顧我如何運用重組會員的方法來進行治療，搭配三段敘事治療的故事。第一個故事基本上是一篇逐字稿。這些故事呈現出來訪者生活敘事的特性，也就是每一段的治療旅程都是以無法事先預測的方式來進行，同時也都能讓來訪者獲得選擇的機會，進入嶄新的思想與實踐領域。然而，這三個敘事治療的故事並沒有呈現出重組會員運作的特質。重組會員通常會讓生活敘事變得非常紮實豐厚，而且能夠在社交活動方面發展出各式各樣的選擇。

再次說哈囉

大概從十年前開始，我慢慢把一些想法和治療過程寫

成論文，研究關於悲傷處理的「問題」，通常都是一些被診斷為「延長的悲傷」和「病態的哀悼」的來訪者。十二個月後，這些想法發表成〈再次說「哈囉」：悲傷處理中失落關係的整合〉（懷特，1988）一文。這篇論文有別於一般的悲傷處理，並不是讓來訪者透過常見的階段性釐清，接受他們失去摯愛的事實，然後在沒有對方的情況下繼續自己的生活。

這些因為「延長的悲傷」和「病態的哀悼」而來諮商的來訪者，我把他們的治療結果整理成〈再次說「哈囉」〉一文，所得到的結論是：a. 來訪者深為失落所苦；b. 這樣的痛苦強烈地表達出失去的這段關係的重要性，以及來訪者在其中經驗到的愛；c. 失去摯愛讓來訪者的自我認同出現了明顯的落差；而且 d. 熟悉而既有的悲傷地圖，對於處理失落的感覺並沒有助益。來訪者的生活已經失去太多，想要再次感受到失去的摯愛，聽到他們的聲音，對來訪者來說完全是飄渺不可及的事情。

為了處理這樣的狀況，我開始研究「再次說哈囉」的諮商對話。對話的目的是要重新連結來訪者與失去的摯愛之間的關係，讓來訪者能在日常生活中感受到失去的摯愛，聽見他們的聲音[註1]。來訪者對於這些對話的反應十分強烈，他們不再感到絕望與沮喪，也脫離了原本滿溢於生活中的空虛感，更重新獲得熟悉而安心的自我認同。我在文中描述的「再次說哈囉」諮商對話，是用當時我稱

為「經驗的經驗」這樣的提問來進行，現在我是把這些提問稱為「重組會員的問題」。

這裡我記錄了一些「重組會員」的治療過程，我認為有必要簡單地重新檢視這些過程，以理解在失去摯愛的深刻悲傷情境中，治療如何產生作用。

蘇菲亞和比爾

我第一次見到蘇菲亞是在十五年前。那時她正為蔓延的的憂鬱所苦，而且還患有神經性厭食症，持續地威脅到她的生命。這樣的痛苦已經存在很久了。多年來的憂鬱和厭食，讓她產生自殘行為，也曾因此緊急入院。蘇菲亞真的不想再這樣下去。

一開始，蘇菲亞一點都不想和我見面，也不想再進行任何治療。她覺得治療也不會帶來什麼改善，不過還是為了她的伴侶比爾決定勉強忍受。比爾不願放棄希望，努力想幫蘇菲亞找到解決憂鬱和厭食的方法，而且始終堅信蘇菲亞可以過更好的生活。比爾是個充滿生命動能的人。

在我們治療的過程中，蘇菲亞發現了自我厭惡的聲音與神經性厭食症的聲音，並逐漸將之從生活中抽離。然後她開始探索並進入其他可能的自我認同敘事。這時我們可以看到比爾發揮了無比珍貴的作用。他無時無刻都準備好支持蘇菲亞，參與我們正在進行的創造意義的對話（meaning making conversations），協助尋找這些對話所

透露出的、關於蘇菲亞在生活中的行動主題。而且治療一開始他就認為，自己也能夠成為蘇菲亞的其中一種聲音。蘇菲亞開始擁抱生活之後，比爾對自己和蘇菲亞的關係進行了嚴格的反思，結果比爾也採取了許多步驟，確保蘇菲亞能夠順利擁抱生活。這對蘇菲亞來說是個機會，比爾就算因此需要移山也願意。比爾在這些對話中的參與，同樣也溫暖並支持了我。

　　對蘇菲亞來說，擁抱生活不代表重獲主導權。她覺得生活從來不是自己可以控制的。因為她覺得自己是「被生下來」的人，所以開始對縫製填充玩偶產生興趣。她覺得這是一項賦予生命的工作，而且透過玩偶的縫製，她開始與外面的世界產生新的連結。蘇菲亞的生活開始往前走，也讓我們多了很多理由聚在一起慶祝。接下來幾年，我不時會接到蘇菲亞的消息，有時候是信件，有時候是電話。就這樣我成了蘇菲亞各種生命進展的觀眾，包括她報名參加了女性研究課程。在這些進展中，比爾的聲音也不缺席，一直保持著相信與理解的態度。

　　我知道比爾在 1996 年決定提早退休。他和蘇菲亞都很期待能多花時間在兩人相處上，而且為了他們這個階段的生活計畫了許多探索與冒險。但在 1996 年初，比爾突然心臟病發過世。蘇菲亞的主治醫師打電話給我，說蘇菲亞因為藥物服用過量，人在醫院，現已脫離險境，但對救命的主治醫師和醫護人員感到既憤怒又沮喪。她想自殺，

而且不斷告訴所有人，醫療介入的結果對她來說只是短暫的緩刑。蘇菲亞決心下一次一定要自殺成功，而且堅定表示醫療的介入只能讓她多活個幾星期，不會是幾個月或幾年。她的願望就是被埋葬在六呎之下，躺在比爾的旁邊。這是她唯一的心之所向。在這通電話中，主治醫師告訴我，蘇菲亞說她願意與我交談，但絕對不允許任何人企圖說服她放棄與比爾相會的決心。因為深知蘇菲亞和比爾之間的關係，我覺得這樣的決心讓我感動，見證了他們對彼此強烈的愛，以及他們在對方生命中做出的美好貢獻。

　　我來到醫院，坐在蘇菲亞身邊。她真的很生氣，而且感覺很悲慘。她機械化地聊著自己的蒼涼與灰暗的生命，活著原本是一份大禮，但現在卻被收回。沒有比爾，真的不知道該怎麼活下去，比爾退休後的一切想望與計畫現在都不可能實現了，她好想葬在比爾身邊，堅信沒有什麼能夠阻擋必定會發生的事——即使醫療介入這次救了她，但只不過把必然的消逝往後延遲一點而已。蘇菲亞也很清楚地表明，如果有人想要說服她別隨著比爾而去，她不會浪費時間去跟他討論。我向她保證我不會，不過我跟她說，我們可以聊一聊，透過對話讓她感覺自己和比爾在一起，再次感受到比爾的存在，但不需要讓自己埋葬在六呎之下，這樣好不好。她接受了，所以我們展開了運用「再次說哈囉」這個隱喻來引導的一連串對話。

　　接下來的對話逐字稿發生在比爾過世後九週，是我們

治療中的轉捩點之一。在這次的對話中，蘇菲亞談論到很多療程給予她的建議：讓自己大哭一場，放掉比爾，接受失去的現狀，繼續過自己的生活。蘇菲亞覺得這些「一般知識」實在不適用於自己的情形。我們進行了分析，了解到蘇菲亞如何能夠尊重這樣的結論，又如何靠著對自己堅信的「非一般知識」來做到這一點。

逐字稿（註2）

某方面來說，感覺這是一種非一般的知識？妳的意思是這不是每個人都能了解的想法嗎？

除了少數幾個很親近的朋友之外，似乎其他所有人都覺得現在該是我拋去一切繼續往前的時候了。

拋去一切繼續往前——這就是其他多數人覺得應該做的事？

（蘇菲亞點頭）

妳現在是怎麼想？

我在想比爾會怎麼想。

好的，妳可以告訴我他會怎麼想嗎？

嗯，我媽和其他有些人認為他應該會為了我無法繼續自己的生活感到很生氣。不過我想他應該完全不會這麼想。我覺得他會理解。我覺得他不可能會生氣。

（流淚）

在其他人告訴妳比爾應該會怎麼想的時候，妳有什麼感覺？他們在說這些事情，就是認為比爾應該會這樣說，應該會因為妳無法怎樣怎樣而生氣，妳覺得？

這讓我覺得心裡很不舒服。

這讓妳覺得心裡很不舒服……

我妹夫在葬禮那天跟我說：「離開這裡，堅強一點。比爾會希望妳為了他而堅強。」但我說：「才不會，他會希望我做我自己。」

那是妳妹夫說的？他說比爾會希望妳堅強地離開這裡？然後妳說：「才不會，他會希望我做我自己」？在其他人認為自己可以代表比爾說話的時候，妳會怎麼描述他們？有沒有什麼適合的形容詞？

我想這麼做的人應該是特別自以為是吧。

「特別自以為是」──這麼描述其實很溫和。老實說，這樣形容一件感覺很超過的事情，真的很溫和。不過妳的感覺是比爾應該會說：「沒有，蘇菲亞現在做的是對的」？如果他在這裡，他會這樣說，是嗎？

（蘇菲亞點頭）

妳覺得如果比爾人在這裡的話，還可能說些什麼呢？如果我現在問他：「比爾，你覺得蘇菲亞說的話裡，最重要的是什麼呢？」妳想他會怎麼回答？

我覺得他會希望我去做我覺得我需要去做的事。

所以他可能會說：「蘇菲亞會去做她需要去做的事。」那對妳抗拒那些認為他們可以代表比爾說話的人，或認為他們知道什麼是對妳好的人，比爾會有怎樣的反應？他覺得妳這個抗拒的行為如何？是會支持，還是……

他會非常支持。

他會怎麼支持？會怎麼說？

他會告訴我傾聽自己的聲音。

他會說傾聽妳自己的聲音。

沒錯。

他還會說些什麼來支持妳的抗拒？我會告訴他們（轉身面向單面鏡後的迴響團隊〔reflecting team〕），比爾的話不多，對吧？可是他說的話總是深具意涵，不是嗎？他在表達意見的時候，用字總是非常強烈，很簡潔……但很強烈。妳覺得是嗎？

是的。

那麼，我們會聽到比爾用怎樣簡潔而強烈的話語，來支持妳的抗拒？

他會說只有我知道我該怎麼做。

他會這麼說：「只有蘇菲亞知道自己該怎麼做。」

（蘇菲亞點頭）

妳覺得他還可能會說什麼呢？除了「傾聽自己的聲

音」還有「只有蘇菲亞知道自己該怎麼做」？

他一直告訴我只要做自己就好。

只要做自己？好⋯⋯那我想再問幾個問題，不過首先我想確認一下這次對話對妳是否產生意義。我們現在進行的對話，是在討論我們應該要討論的事情嗎？

是的。

為什麼要討論？

因為我開始懷疑自己做的事情到底對不對。

因為妳開始懷疑自己做的事情到底對不對。我們的對話對這個懷疑產生了什麼樣的影響？

加強我聽從自己的信念，而不是聽從周圍我認識的每個人。

對話加強了妳聽從自己的信念，而不是聽從其他人？

我花了太多年在聽其他人告訴我該做些什麼。這讓我花了很久的時間才真正理解該為自己做什麼，那些我感覺是對的事。

我可以記下來嗎？可以嗎？妳說：「這讓我花了很久的時間才真正理解該為自己做什麼。」妳剛剛是這樣說的嗎？

（蘇菲亞點頭）

然後妳還說什麼？

我花了太久的時間在做每一件其他人告訴我該做的

事。

透過我們的對話，和我分享比爾的反應，把比爾真實地帶進這個空間，對妳來說是怎樣的感覺？這算是正面還是負面的經驗？或者都不是？把比爾的聲音帶進來。

我覺得不管怎樣他都已經在這裡了。

妳覺得他已經在這裡了？

我還坐在樓下的時候就在了。

妳坐在樓下的時候，就感覺到他在這裡？

這讓我想起我們以前通常會一起過來。

是因為妳最近的某個進展，讓妳覺得他真的在這裡陪伴妳嗎？

不是，我來這裡的其他時候也一樣，一直都如此。

妳來這裡的時候就會感覺到嗎？妳真的覺得他實際出現了嗎？妳在這裡發現他真的出現的時候有怎樣的感覺？

我覺得獲得了精神上的支持。

精神上的支持？妳覺得他現在與我們同在的感覺就像是……

是的，就跟以前一樣，坐在我旁邊。

坐在妳旁邊，總是在妳的左邊？

在我的右邊。

在妳的右邊……抱歉，我是說右邊，可是因為我在妳對面，所以從我這個角度看是左邊。在妳的右邊。蘇菲亞，這在其他地方也會發生嗎？還是只有在這裡才會感覺到他的存在？

只有在這裡。

只有在這裡嗎？

我覺得這是因為比爾在這裡扮演著非常重要的角色，幫助我找到我自己。

沒錯，他的確出很多力是吧？我要記一些東西下來，之後可能會要把其中一些部分寫成信。

沒關係。

如果妳不只在杜維曲中心發生這樣的經驗，在其他地方也有，妳覺得會是正面還是負面？我只是想到妳對自己的療癒有怎樣的感覺。

應該是正面的。

「……應該是正面的。」（筆記）

我最害怕的就是發現他不能再繼續幫助我了。

但如果他可以像現在這樣跟妳在一起，會是一件正面的事？

是的。

就持續幫助妳這件事來說，是提供怎樣的幫助？如果妳可以像在這裡一樣，在自己的生活中感覺到他的

話？

這會像比爾一直都在我身邊，雖然不見得會和我處在同一個空間……不一定要是實質的存在……不過他總是存在我的心中。這樣讓我感覺很安心。

安心。所以他不見得要和妳在一起。他可以在別的地方，不需要實質存在，但總是佔有某個空間，讓妳能感覺安心。

我想這有點像是守護天使的概念。

守護天使！妳覺得這可以支持妳對於自身療癒狀態的理解嗎？讓比爾在妳的生活中佔更多的份量，而不是獨自轉過身去繼續自己的生活？

我想是的，不然我不會這麼容易感覺到他的存在。

的確如此……光是妳告訴我感覺他和妳在一起，還有在候診室，我就可以更強烈地感覺到比爾的存在……（流淚）我甚至可以看到他。他以前不是會拍自己的大腿嗎？妳記得嗎？那是他的習慣動作，拍大腿？他還有哪些習慣動作？這個我記得特別清楚，他常常會拍大腿……

他會不時換腿交叉。

沒錯。會換腿交叉，我也記得。而且他有時候會從局外的角度去看事情，對吧？他一直都在思考。

很多時候我跟他講話，會以為他沒在聽，然後我會

說：「你要我繼續說我現在正在講的事嗎？還是你其實不想知道？」他會回答：「我一直都在聽。」我說：「那我剛剛說了什麼？」然後他就把我剛剛講的事情說一遍。感覺上他總是同時在進行傾聽和思考這兩個動作。

這讓我想起有一次在這裡和比爾對話，我以為他變得……

但是他沒有。

沒有。我問說：「比爾，我不知道你剛剛有沒有在聽。」他會說：「有啊，有在聽。」然後我會說：「那蘇菲亞剛剛說什麼？」他就會一字不漏地說出來。

（蘇菲亞點頭）

妳覺得我現在有什麼感覺？

我想你應該也感受到某種失落，但同時又不是完全失去的感覺。（流淚）

妳說到重點了。沒有完全失去的這種感覺，我可以長篇大論去描述，但妳幫助我真正去體驗這種感覺。妳知道我的意思嗎？用說的是一回事，真正體驗又是另一回事。所以妳現在在想什麼？

有些時候感覺起來我是失去了一切。

有些時候是的。妳知道嗎……就在這裡，妳很有力量

地呼喚出比爾的存在。我都可以感覺到，而且我在想不知道妳知不知道自己是怎麼做到的。妳知道嗎？因為我聽到妳說有一部分是因為來到這裡，但有時候，就算妳在其他地方，比爾也還是跟妳在一起。妳知道自己是怎麼做到的嗎？妳說妳在幾個月前第一次回到這裡，在候診室裡感覺到比爾的存在。妳知道自己是怎麼做到的嗎？是因為妳在來這裡之前想到什麼事？還是有什麼事情在妳……？

我走進來坐下就發生了。

妳知道妳讓自己進入到怎樣的心理狀態，才讓這一切發生的嗎？有任何感覺嗎？

我只是想著比爾，當我想著他的時候，就感覺他坐在我身邊。

所以妳思念比爾的方式不只讓妳感受到失落，也同時感受到他的存在？

我只是想著比爾，想著他「在這裡」，而不是想著他的肉體已經不存在了。

所以妳不是想著……妳是想著他在這裡。這就是妳所想的？如果在其他地方也這樣，妳可以像坐在候診室裡想著他在妳身邊，這會是正面、負面或……？

我想會是正面。

我可以告訴妳對我來說也是正面。雖然這樣很情緒

化，但對妳來說，把自己感覺比爾存在的方式說出來，是一個正面的經驗。我現在在想的是，能不能有什麼方法讓妳在別的地方也能感覺到比爾和妳在一起，有什麼可能的做法。因為在這裡會發生的事不是偶然。我明白為什麼一開始是會在這裡發生，因為比爾在妳心裡運作的那個部分有著自己的生命與聲音。我只是在想要怎麼樣讓妳在別的地方也可以做到。妳有任何想法嗎？妳說妳來到這裡但沒有想著……妳剛剛說妳沒有想著什麼？

我沒有確實把比爾和失去連結起來。我只是想著他。

所以妳只是想著他的存在……他的存在。

我沒有特別去想他已經死了。

我想先思考一些問題，讓我可以更明白妳實際上是怎麼召喚出比爾的存在。只是想要再對妳的做法了解更清楚一點。我現在知道，妳來到這裡，坐在候診室，然後想著比爾存在的感覺，而不是失去的感覺，這是一部分。妳到現在都覺得他還跟妳在一起嗎？

他一直都在這個房間裡。

他一直都在這個房間裡。好的。所以他也知道妳現在的狀況。他對於妳這個人非常重要的那些理解，也都在這裡嗎？

（蘇菲亞點頭）

妳已經分享了某些部分的想法了，就是他對妳的理解。他對於妳生活的理解，還有哪些事情對妳有幫助。

這就是我害怕的事情之一，因為我不知道我能不能做到。

妳不知道自己能不能做到？

沒有他，只有我自己的話……

現在。是啊。

他的支持和鼓勵和……試著理解我。不一定每次都能真的理解，但他都會接受。

接受。在這裡妳又再次經驗到他的接受？他對妳的接受？他對妳的理解？接受他無法理解的事，對嗎？

（蘇菲亞點頭）

這對妳被比爾接受的感覺有怎樣的影響？就像現在。這對妳在這裡感覺到比爾對妳的接受有產生什麼作用嗎？

我感覺到，對於我這個人完全的肯定。

對妳完全的肯定。

不管我發生什麼事情，不管我想要對抗什麼，比爾都跟我保證我就是我，我可以做得到。這不會讓我變成壞人。就是我。今天的我。

所以比爾在其他地方應該也可以出現在妳身邊。妳用

了一些方法讓他出現，甚至讓我也感覺到，我們現在可以討論一下這些方法嗎？妳想知道嗎？

（蘇菲亞點頭）

為什麼妳想知道？

這可以在其他地方幫助到我。如果要去一些黑漆漆的地方，我可以試試看讓比爾陪著我。

對耶。這很有道理。比爾大概兩個月前過世，對嗎？

今天是第九週。

今天是第九週，是嗎？

我最後一次看到他活得好好的是九個禮拜前。他其實是週三早上過世。

九週前的週三早上。他對妳的接受並沒有隨之而去，他對妳這個人的理解也還存在妳心中，因為妳今天的確把這些接受和理解重新帶到這個房間裡來了。

魯伯特

有一度我們開始對於蘇菲亞召喚比爾的原理和方法進行更深入的討論，然後換成我和她去聆聽迴響團隊／局外見證人團隊（outsider-witness group）成員的討論。成員一個個敘說了蘇菲亞和比爾豐富的生活故事，強烈地見證了他們之間的關係，以及兩人如何互相讓對方的生命更加成長茁壯。這些反覆敘說也包含了我們的對話如何撼動了

某些成員的生命，讓他們明白其實是有方法可以讓失去的
摯愛在自己的生活中重新獲得定位。

在聽完迴響團隊／局外見證人團體的反覆敘說，以及
蘇菲亞對這些敘說的回應之後，我大聲問道，蘇菲亞能不
能從這個房間找一樣物品隨身帶著，當作比爾存在的象
徵。我想到的是魯伯特。魯伯特是填充玩偶諮商團隊的成
員之一，是十五年前蘇菲亞送給我的禮物，那時她對於重
新步入生活還處於猶豫不決的狀態。蘇菲亞是魯伯特的創
造者。魯伯特是隻很棒的熊寶寶，十五年來造福了許多人
的生命，陪伴來訪者，支撐他們懷抱希望，斷開生活中發
生的種種問題。

蘇菲亞在聽到我的問題後，掃視過整個房間，然後
說：「這裡沒有這樣的東西。」我請她再找一次看看。於
是她問道：「魯伯特在嗎？」在的。魯伯特剛回到杜維曲
中心，才陪伴完某個有著小小孩的家庭。他在回來的路上
遭到了不幸的意外。當時他正搭著那個家庭開的車，頭掛
在車窗外——這是魯伯特很喜歡的姿勢——然後他失去平
衡掉出車窗，被一台公車輾過去。還好魯伯特屬於硬挺的
填充玩偶，稍微重整一下就恢復了外形。不過耳朵的部分
還是得預約「小熊醫院」才能修好，目前還沒能看到診。

蘇菲亞現在把魯伯特抱在懷裡，親暱地摟著他。

逐字稿（續）

妳是說？

他（比爾）真的很開心。我要用魯伯特來當這個象徵，而且會去把耳朵修好（指著魯伯特受傷的地方）。

妳要選魯伯特，而且要把耳朵修好？妳知道魯伯特……

我們以前都叫他笨魯伯。（大笑）

「笨魯伯」！我跟妳說過魯伯特幫助過很多來這裡的小孩嗎？妳有注意到嗎？妳知道他為什麼變得這麼舊嗎？

因為他受到大家喜愛。（露出微笑）

他很受喜愛。他會跟來到這裡的某些孩子回家，幫他們從自己的問題中脫困。而有趣的是……妳剛剛在說比爾對妳的全然接受。妳知道孩子們覺得魯伯特的特質是什麼嗎？接納。不管他們做什麼，魯伯特都知道他們盡力了，而且因此充滿敬意。

我一點都不覺得他笨。

是啊，他不笨，對吧。我覺得他和比爾一樣。我覺得他們應該是同種人之類的。

他跟我平常縫的泰迪熊又不太一樣，而且我一直覺得魯伯特是隻看起來笨笨的熊，所以我才會叫他笨魯

伯。（大笑）

但結果他非常聰明。他不會老是在講自己多聰明，而是自己知道就好。魯伯特話很少，但用字精準強烈。

就和比爾一樣！

沒錯。

（蘇菲亞溫柔地撫摸魯伯特）我真的好懷念能夠摸摸、抱抱比爾的感覺。

妳覺得隨身帶著魯伯特，能夠幫助妳在其他地方召喚比爾的存在嗎？……

後記

　　接下來幾個禮拜，蘇菲亞有了突破。她開始在花園中感覺到比爾的存在，尤其是在照顧自己最喜歡的灌木叢時。我很好奇她是怎麼做到的。蘇菲亞的回答是：「大家都可以做到。這很自然，不過就是清除阻礙，直接與自己的力量連結。」我問蘇菲亞她會怎麼稱呼這些力量，也在猜想是不是還有別的事物在運作：「其他人對於類似的力量也會有自己的稱呼。不過，除了辨別這些力量之外，要感覺到失去的摯愛聲音的存在，並不是每次都能做到的事。我可以請教一些關於妳是怎麼運用這些力量的問題嗎？」蘇菲亞也想知道，於是我們開始討論一些關於她怎麼召喚比爾存在的細節技巧與方法。

在這次的對話中，蘇菲亞第一次意識到在父親過世後，也就是二十八年前自己還很年輕的時候，就一直在生活中保留著一個位置給父親的聲音。在談到自己的領悟，還有父親的一生之時，她忽然聯想到父親的姊妹，也就是自己的姑姑們。她們一直住在荷蘭，也從來沒有見過面，但在蘇菲亞生命中的許多困難時刻，姑姑的形象一直支持著她。「妳從來沒見過她們，為什麼會對她們這麼了解呢？妳是怎麼理解這件事？」我問道。蘇菲亞描述了她父親在荷蘭生活的點點滴滴，以及姑姑們在這些故事中扮演的重要角色。我們花了些時間討論，為什麼她父親的故事中，姑姑的角色會如此鮮明。蘇菲亞的結論是，她的父親應該是知道某些技巧和方法，讓自己在距離出生地荷蘭、距離自己的姊妹這麼遠的情況下，還可以持續感覺到姊妹存在的聲音，而這也支持了他在澳洲的生活。蘇菲亞同時認為，他的父親應該也傳授了自己這些技巧與方法，所以儘管經歷了這麼多事情，她還是能在自己的生命中保留一個位置給父親和姑姑的聲音。此外，在這段對話中，蘇菲亞更清楚地明白了自己是運用了這些技巧與方法，在診療室和花園裡實現自己的渴望，讓比爾在自己的生活中重新獲得定位。

在檢討這段對話的過程中，我詢問蘇菲亞：「如果妳這二十八年來運用了這些方法和技巧，在生命中保留了一個位置給妳父親，妳覺得是不是也可以用同樣的方式

來維持妳和比爾的連結？如果是的話，妳覺得自己要到幾歲，才需要擔心自己是不是會拋下比爾？」蘇菲亞相信自己可以持續使用這些方法和技巧，同時認為大概要到自己七十二歲，才需要擔心比爾被拋下的這個問題。這件事讓她嚇了一跳，但也同時感到鬆了一口氣。蘇菲亞最害怕的就是如果生活繼續往前的話，比爾會因此被自己拋下。

在我們討論到魯伯特的功用時，我發現蘇菲亞已經把這些技巧傳授給她的孫女拉托雅了。拉托雅和魯伯特非常要好，每次她們見面，拉托雅都會和蘇菲亞聊起她的「娃娃」。接下幾個月，蘇菲亞越來越能夠感覺到比爾的存在。比爾在她的生活中重新獲得了定位。

註釋

1. 【原註】有時候，運用「再次說哈囉」隱喻的治療，會被說成是內在或上升的靈性治療，而且是與另一個世界或次元的力量相關。但其實這種治療方式和靈性力量沒有關係，這也不是我想強調的重點。運用「再次說哈囉」隱喻的治療，是在幫助來訪者建立一些方法，重新喚起並表達他們人際關係中的重要經驗。這些都是存在來訪者生活中的經驗，是他們活過、體驗過的一部分。

2. 【原註】逐字稿所記錄的對談安排了迴響團隊／局外見證人團隊在場。因為蘇菲亞聲音很小，所以我重複了大部分她說的話，好讓迴響團隊的成員可以聽清楚我們的對話。

第五章

兒童、創傷與支線故事的發展

麥克‧懷特　撰

兒童對創傷並不陌生。在世界各地大多數的社會中，即使政府與相關社區團體採取了許多措施，但兒童受虐事件發生頻率還是居高不下。而在世界上大部分遭受到例如戰爭、疾病、流離失所和經濟動盪的地區，兒童面對著危及生命的困難與創傷，卻一直無能為力。負責難民家庭的當地兒童保護，還有為世界各地戰爭與疾病地區住民服務的社工，都深刻體會到幫助兒童從他們所遭受創傷的影響中復原，是多麼重要的一件事。他們也注意到，在進行兒童創傷諮商時，必須確保個案在心理和情緒上擁有絕對的安全感，因為這些孩子在過去年紀小小時，光是人身安全的經驗都很缺乏，甚至在很多情況下是無法獲得任何保障。

　　但是，確保獲得安全感的重要性，往往因為許多受創兒童不願意談論他們的創傷經驗，而被低估了。很多的理論都討論到這種不願與逃避，例如來自否定與壓抑的心理機制運作，不過我們應該更需要去理解並考慮，揭開受虐創傷所帶來的反作用力，以及抒發創傷經驗的情境中的潛在風險，都是兒童不願意談論創傷經驗的重要原因。因為表達創傷經驗而遭遇二次創傷的顧慮，將是本文探討的重要焦點。

　　我相信這樣的顧慮有充分的理由，因為潛在的風險一直存在，像是兒童在談論創傷經驗時會受到二次創傷，會因為過於直接而陷入自己經歷過的創傷，或是沉溺在經驗

的抒發之中。我們可以看到的後果是，兒童說出自己創傷經驗，卻加強了他們對自我認同與生活抱持的負面結論。這樣的後果反過來又通常會與進一步的自貶、無力、無望、孤寂、無用等感覺相關連。如果沒有小心翼翼地去打造一個「心理與情緒上非常安全的情境」給受創兒童，那麼這個兒童非常可能因為被鼓勵說出自己的創傷，結果發現再次被這些創傷經驗貼上了標籤。

　　我的主張並不是源於自身心理諮商的工作觀察。這些年來我在各種不同的情境下接觸過許多兒童，他們都因為旁人努力幫助他們說出創傷經驗而受到了二次創傷。有些時候我必須很痛苦地旁觀這種二次傷害的進行過程，因為我無法插手別人主導的「諮商治療」。

重新定位

　　在與受創兒童進行諮商時，對於心理與情緒上的安全感，再怎麼強調也不為過。我們要如何確保兒童在談論自己的經驗時，不會對於二次創傷的發生無能為力呢？這個問題就讓我們考量到兒童的「心理定位」，讓他們擁有能夠說出自己創傷經驗的空間。換一種說法就是：這個問題讓我們去思考，兒童在表達自己受虐經驗時，究竟是在怎樣的身分領域中立足。如果這個身分領域是用兒童遭受的創傷來定義範圍，那麼直接鼓勵兒童表達自己的創傷經驗，絕對是會造成二次創傷，並帶來更嚴重的無力感。

除了考量兒童重新定位的各種方法，好讓他們在安全的情境中表達自己創傷經驗，我們也要運用敘事治療方式，讓兒童生活的支線故事獲得認同並豐厚地發展起來。在支線故事發展的同時，這些故事線也提供了另一種身分領域讓兒童來運用，以便說出自己的創傷經驗。本章中我會著重在討論支線故事發展有哪些選項，以及支線故事如何為受創兒童建立起安全的領域。

　　雖然我強調安全感，但也不希望大家誤解，以為我不支持讓兒童說出自己的創傷經驗。兒童能夠說出自己的創傷經驗及其造成的影響，能夠受到支持以將原本說不出來的事情付諸言語，當然非常重要。我經常發現，能夠提供我所說的安全感的身分領域，總是可以讓兒童堅強地說出他們的創傷經驗及其影響。這樣的表達其實可以舒緩總是在二次創傷情境中被強化的自貶、無望、孤寂和無用等感覺。

支線故事發展

　　我們可以在兒童對創傷經驗的反應中，發現支線故事發展的萌芽（註1）。不管是哪種創傷，兒童絕對不會是只是被動的接受者。除此之外，兒童會採取一些動作，讓自己盡可能不要暴露在創傷之下，減低自己的無力感，譬如像是微調自己創傷經驗的故事，或是想辦法改變創傷對生活造成的影響。然而，大家幾乎不會去注意兒童對於自己

生命中創傷的反應。這些反應通常在創傷情境中不是被忽略，就是被懲罰，或是用揶揄和弱化的方式帶過去。

對於創傷與造成影響的反應，通常可以在兒童覺得人生中值得珍視、具有價值的事物上顯現。這些反應會反映在以下知識技能上：

a. 在生存威脅的情境下保存自己的生命
b. 在險惡的環境中尋求支持
c. 在不安全的地方建立安全的處所
d. 在生機微弱的狀況下抓住生存的可能性
e. 在與人為善會遭輕視的態勢下展現友好的反應
f. 在孤立的環境中尋求與他人的連結及歸屬感
g. 在希望大家互相傷害的情境下拒絕挖開他人的傷疤
h. 在不願面對創傷的狀態中療癒創傷造成的影響
i. 在倡導自我否定的氛圍中接納自我
j. 等等

這些知識、技能幾乎都不會是受創兒童獨自建構發展出來。這些知識、技能通常總是和其他曾經受創、或正在經歷創傷的兒童和成人，一起發展出來的。此外，知識和技巧的聯合建構與發展，顯然多半是由特定的家庭、社會和文化精神形塑而來。

在面對兒童創傷反應的主題，以及列舉這些反應傳達

出的知識技能時，我並不認為創傷不會為兒童帶來痛苦，也不認為創傷對於兒童的生命不會造成重大的負面影響，更不認為創傷經驗及其造成的影響不需要處理。我也不是在說，堅持自己珍視事物的兒童，或是發展出我列出的知識、技能的兒童，就足以紓解這樣的痛苦與影響。我之所以希望大家注意創傷反應的重要性，是因為想強調創傷帶來的負面影響並不能代表受創兒童人生與身分認同的完整故事，並說明為什麼總是會出現一些可以發展出支線故事的「材料」，建構出另一種自我認同，讓兒童表達自己的創傷經驗。這些建構出來的替代自我認同，能夠讓兒童表達自己的創傷經驗，但不會在過程中遭受二次創傷。

當我們理解創傷帶來的負面影響並不代表兒童全部的人生故事之後，我們可以把不會帶來創傷反應的創傷記憶當成「一半的記憶」。在這樣定義的狀態下，支線故事發展便能夠補上，成為「完整的記憶」。我相信恢復「完整的記憶」，在受創兒童治療諮商中是非常重要的一部分。

受創兒童的支線故事發展，讓個案兒童對創傷反應的描述變得更豐厚，這會反映在以下事物上：

1. 兒童認為值得珍視、具有價值的事物，包含了特定的信念、指導原則、希望、夢想、個人操守、個人道德等。
2. 兒童的人生意圖，包括特定的理由、目的、抱負、目

標、願望、探索、追求、志向等。

3. 反應表達出的知識與技能，包括前頁列舉的，a 到 j。

4. 反應的社會、人際與文化源頭，包括兒童人生中重要角色（涵蓋同儕）的貢獻，值得榮耀的特定家族傳承，重要的兒童文學，具有教育意義的傳統神話，文化的道德規範與宗教靈性概念等。

關於第四點，如前所述，兒童從創傷反應所表現的知識與技能，幾乎不會是自己建構、發展出來，而是和他人合作鍛鍊出來的。他們所珍視的事物與抱持的人生意圖也是如此。如果在支線故事發展的情境中能呈現這些源自社會、人際和文化的知識與技能、兒童所珍視的事物，以及他們的人生意圖，那麼個案兒童便有機會體驗到自己與他人在生命故事上產生新連結。許多所謂的他人，都在兒童過去的人生中扮演了重要的角色，而當這些角色的作用愈形明顯，個案兒童便能獲得新的機會，與人際／社會／社群的網路產生連結／重新連結。支持兒童去認同這些角色的作用，並明確地表達感謝，也能夠發揮部分類似效果。感謝有許多種不同形式，包括由兒童和諮商師／社工共同製作／書寫的感謝函或感謝狀，或是由兒童和諮商師／社工共同計劃安排的頒獎儀式。

呈現在支線故事發展中的兒童珍視之事物以及其人生的意圖，可以看做是他們對人生與身分認同的概念。兒童

能夠將這些概念發展到怎樣的程度，必須視兒童發展的階段與狀態而定。即使是較年長的兒童，也只有極少數能夠完全發展出這些概念。在進行兒童支線故事發展的諮商時，這些概念通常不會是「一開始」就呈現出完全成形的狀態，而是在諮商師／社工做為談話對象的治療對話情境下才進一步開展。我認為這樣的概念發展，對於兒童建立形塑生活的能力，以及影響自己與他人關係的能力，其實非常重要（維果茨基〔Vygotsky〕，1986）。

我要再次強調，如果想揭露更多兒童對創傷的反應，支線故事的發展可以提供兒童一個安全的位置和情境，說出自己遭受的創傷與創傷帶來的影響。但這並不是全部。支線故事的發展也提供了一個立足點，讓兒童能繼續自己的生活。在經驗到更多支線故事的內容後，兒童便更能夠採取與自己的價值觀和人生意圖相合的行動，運用自己過去發展出的知識技能來打造生活。也更能夠與對自己重要的人，還有珍視的文化和歷史發展出連結。

本文的重點放在支線故事發展的主題上，因此大家可能會以為我主張敘事治療對話所呈現的另一種故事，就是「真實」或「可靠」的故事。但事實並非如此。相反的，我知道生命擁有多重的故事線，而這些來自另一種角度的人生故事都有其文化、人際和歷史的源頭。這些故事呈現出的事件建構方式與生活經驗，都有其可能性。在支線故事發展中，我注意到人們通常可以同時經驗到不只一種的

存在定位，不只一種的自我認同領域。

個人主導權

如果按照我的定義，想要去揭露更多兒童對創傷的反應，支線故事的發展具有恢復兒童個人主導權的功能。個人主導權是一種自我認同，認知到自己能夠對自己生活的形塑與建構產生影響，覺得能夠依照自己的價值觀和意圖來改變自己的生活，同時，這世界對於自己的存在至少有些許反應。

個人主導權的恢復與／或發展，對於受創兒童的諮商工作非常重要。個人主導權的恢復與／或發展，可以讓自我認同幾乎無法運作的狀態獲得緩解，不再認為自己是生命力被動的接受者。這樣的認知對於受創個案覺得自己「完蛋了」或「一團糟」這種結論的發展，以及普遍而深刻的「無力」與「脆弱」這種遲滯現象的發展，都具有高度影響。

支線故事的發展在處理兒童經常發生的負面身分認同方面，發揮了非常重要的功能。尤其在現代，受害者論述對於受創個案的身分建構影響十分龐大。專業與通俗心理學頗為強調這些論述，不只強化了受損身分的建構，也發展出將受創個案消音與邊緣化的關係治療方法。在這種關係治療的情境中，受過重大創傷的個案變成「他者」。就是這樣的關係與治療脈絡讓他們身分認同的建構呈現「一

蹋糊塗」的狀態。

從社工規範來說，鼓勵社工站在受創兒童的角度，專注於創傷及造成的影響時，他們在進行治療工作的過程中，就很難避免受到這些受害者論述重製的影響。在這樣的情況下，諮商師／社工便可能會進一步抹滅兒童的個人主導權，同時在不經意間強化了這些兒童是被動接受者的身分。把創傷及其造成的影響當成重要且唯一的焦點，如此削弱語言和關係治療情境建構身分認同的能力。同時也會削弱身分認同能夠給予受創兒童的幫助。

這一點非常重要，因為當代流行的受害者論述會對兒童發展造成嚴重後果，而且很明顯地會在生活中造成長久的「空虛」與「孤寂」。當代流行的受害者理論也會對兒童的治療關係造成嚴重後果。雖然許多治療師／社工對此會有所警覺，知道在哪些狀況下，可能會讓尋求協助的個案產生「習得無助感」，但受害者論述對於兒童生命的潛在傷害力，遠超過「習得無助感」一詞可以形容。

我認為現代流行的對「宣洩（catharsis）」概念的解釋，非常有效地模糊了受害者論述潛在的危險。依照這個概念的解釋，認為人類的行為主要由一種情緒／心理的系統所控制，依照蒸汽引擎工學的原則去運作。舉例來說，情緒在這個系統中是受到壓力的控制，就像蒸汽引擎裡的蒸氣也受到壓力控制一樣，而讓壓力透過適當的「門閥」進行「排出」或「釋放」，便能得到想要的結果。根據這

個概念，創傷的痛苦在情緒／心理系統中是由壓力所控制，透過適當管道釋放出這股壓力，就能夠解決創傷造成的影響。因為這種宣洩概念的解釋成為主流，諮商師經常會鼓勵個案表達出自己的創傷經驗，而沒有去考慮安全的問題。沒有深入思考這麼做是不是可能會造成二次創傷，也不了解這對個案身分認同的建構有何影響，更不明白諮商個案個人主導權恢復和／或發展的重要性。

兒童創傷反應的認識

之前提過，對支線故事發展有幫助的兒童創傷反應豐厚描述，內容如下所列：

a. 兒童認為具有價值的事物

b. 兒童的人生意圖

c. 反應中表達出的知識技能

d. 反應的社會、人際與文化源頭

接下來就要問到這個問題：「要怎麼辨別這些反應？」有許多不同種類的治療提問，可以突顯出兒童對創傷的反應，讓他們願意多去談論描述。在此我列出三種治療提問的方式：

・辨認出隱而不現的敘事

- 問題解決活動的反思
- 自然互動的直接觀察

接下來我會提供探詢上述三點的兒童治療對話的描述

辨認出隱而不現的敘事

「隱而不現」主要說的是，為了表達出個人的生活經驗，就必須能夠辨別出該經驗和其他經驗之間的不同。因此，每一種表達都可以在與其相反的描述上找到痕跡，這就是我所謂的「隱而不現」。我特別引用了德希達（Jaques Derrida）的著作（1973，1976，1978）來說明，較詳細的討論可以參照我其他的文章（懷特，2000，2003）。多年來我發現在人們生命支線故事的產生中，這個概念起了相當的作用。在其他可能性之外，「隱而不現」讓因為創傷反應在心理上產生的持續痛苦，有機會被用來證明個案因為創傷經驗被破壞的珍視事物究竟有多麼重要。

隱而不現

為了釐清這個概念的意涵，以下節錄〈敘事實踐與社群工作〉（懷特，2003，39-43 頁）中的一段討論。這段討論從另一個不同的隱而不現的角度來觀察

心理痛苦與情緒沮喪。

痛苦其實是聲明

　　人生中曾經的創傷在心理層面上所造成的持續痛苦，被用來聲明受到創傷經驗而被破壞的寶物究竟有多麼重要。其中包含了人們對於以下事物的理解：

　　a. 人生所珍視的目標
　　b. 和接納、正義與公平相關的價值與信念
　　c. 珍視的志向、希望與夢想
　　d. 這個世界事物運行的道德觀
　　e. 關於生活方式的重要保證、誓言與承諾等

　　如果心理上的痛苦可以看成在證明這些目標、價值、信念、志向、希望、夢想、道德觀與承諾，那麼所經歷的痛苦強度就可以看成人們對這些意圖狀態的珍視程度。在治療對話的情境中，這些意圖狀態的理解可以受到確認、再次復甦，並讓他人完全明白。同樣也是透過這些對話，讓來訪者有機會經驗一定範圍的正面身分認同與結論，而不是因為遭受到創傷，結果去認同各種負面「事實」的身分。

沮喪其實是禮物

因為人生中的創傷造成的日常情緒沮喪，通常會被視為一種能力上的禮物，因為這些人能夠與自己所珍視的目標、價值、信念、志向、希望、夢想、道德觀與承諾保持穩定的關係，拒絕放開或捨棄在創傷情境中被強力踩踏與貶低的事物，堅持自己尊崇的理想。

如果情緒上的沮喪可以看成是在支持人們決心與創傷情境中被強力踩踏與貶低的事物之間保持穩定的關係，那麼所經歷的沮喪強度就可以看成人們堅持尊崇並與珍視的事物保持穩定關係的程度。在治療對話的情境中，認知到來訪者拒絕放開被強力踩踏的事物，發現到他們與這些意圖狀態維持關係的能力，對於提升自己的身分認同和人生目標來說非常重要。

痛苦和沮喪是反應的宣告

如果持續的心理痛苦是在證明個案珍視、卻因為創傷經驗而遭到破壞的事物有多麼重要，如果情緒的沮喪是在看見來訪者與創傷情境中被強力踩踏與貶低的事物保持穩定關係的能力，探討這種證明與看見的特性便提供了一個基礎，讓我們能夠了解人們對過去遭受的創傷有何反應。人們會對生活中的危機有所反

應，即使這些危機是因為創傷所造成的，而且在這樣的狀態下他們相對較無力量去擺脫整個情境，或是去阻止任何束縛他們的事物。就算是受虐兒也會想去改變他們自身的遭遇。這些由人們的意圖狀態所形塑出的糾正行為幾乎不會有人認知或覺察到，因此勇敢行動的人，也幾乎不會去重視或為自己的行為感到自豪。

在我們定義出心理痛苦和情緒沮喪其實是在證明與看見之後，就能以此為基礎來探討，究竟到何種程度，這樣的痛苦和沮喪也可算是人們對自身遭遇的創傷反應的宣告。在治療對話的情境中，能夠清楚得知來訪者所珍視並長久尊崇的事物，讓我們能更進一步問出這樣的堅持如何影響來訪者對自身遭遇的反應。這種提問能夠突顯出根據特定意圖狀態反映個人主導權運作而採取的行動。

心理的痛苦和沮喪是傳承的元素

心理的痛苦和情緒的沮喪，也可以當做是來訪者的信念在傳承的元素。來訪者在面對沒有反應的周遭世界時，依然決定堅持他們與其他人的經歷不會徒勞無功，因為他們的經歷，所以事情一定會有所改變。依照這樣的理解，盡管不是那麼多人體認到事情一定

要改變，但經歷過創傷的人就是不會輕易放棄的哨兵，隨時警覺著要對抗外在力量，不讓他們的經歷輕易被消除，也不讓同樣的創傷再次在其他人的生命中發生。

這樣的理解建構出一種情境，心理痛苦與情緒沮喪的表達所呈現出的傳承，受到其他人相當的尊崇與認同。同時也建構出另一種情境，去理解人們如何運用這種圈內人的創傷經驗，體認他人生命中創傷所造成的影響，並用能夠觸碰到對方生命的同理心，對他人做出回應，產生惺惺相惜的感覺。

黛安

黛安，十歲，轉診給我的時候特別要求，希望能幫助她表達自己遭受的重大創傷。在此之前已經嘗試過三種不同的諮商情境，做出各種努力，企圖達成這個目標，但這些努力的結果多半徒勞無功。面對這些努力，黛安感到非常沮喪，然後退縮。每換一種方式，就會變得很不穩定，持續好幾個禮拜。

在我開始進行和黛安的諮商時，就先清楚表明我並不會要求她談論關於自己遭受的創傷，但想問幾個和處理沮喪感受相關的問題。黛安同意了，於是我詢問她，在經歷傷害之後，是不是有什麼她珍視的事物因此遭到破壞。因

為沮喪的程度可能和生活中珍視的事物所擁有的力量相關，也可能和生活中珍視的事物被看重的程度相關。在回答這些問題的時候，黛安開始談起她所經歷過的不公平感，然後帶到某些對她來說一直很重要的公平原則。接著黛安告訴我的一些故事，她的某些生活動機和動力，其實是反映了這些原則，其中包括她最近在學校和另一名女生結盟，因為她也遭受到群體霸凌，過得不太好。

我們第二次的會面，除了其他話題，也開始探討黛安生活中公平原則的發展歷史。在探討的過程中，黛安第一次將自己的聲音與這些公平原則，還有她最喜歡的一本書《長襪皮皮》（*Pippi Longstocking*）（林格倫 Lindgren，1950）連結起來。第三次會面的時候，我們一起讀了《長襪皮皮》中黛安最有感覺的幾個段落，並討論了這些段落中表達的公平原則。最後我帶著黛安寫了一封信給長襪皮皮的創作者林格倫，感謝她幫助黛安建立起對公平的認知。黛安在寫信時很明顯地感到開心。

第四次的會面，在黛安的同意之下，我邀請了其他的孩子組成局外見證人團隊（註2）。這些孩子都是我過去的創傷諮商來訪者，或是希望能擔任我的治療義工，幫助有過類似經歷的其他孩子。這些局外見證人對於黛安的故事產生強烈共鳴，從他們的角度重述黛安的經歷，讓黛安在建立自我認同時受到非常正面的影響。

我們的第五次會面，同樣也有局外見證人在場。我找

機會詢問黛安，是否認為自己的公平原則有助於讓她度過那些創傷經歷。她的回答很肯定，並談起這些原則如何形塑她對創傷的反應。在說出自己的反應之後，黛安開始毫無保留地談論創傷的細節。雖然她沉浸在情緒之中，但完全沒有任何二度受創或退化的反應。再次地，局外見證人的重述激起黛安強烈共鳴，故事重述的重點放在黛安的創傷經驗、造成的影響以及反應。

第六次會面，我看到黛安並沒有因為直接述說自己遭受霸凌的經驗而出現不穩定的狀況。她反而驚訝地感覺到自己的生活朝著正向在發展。這讓她更敢於說出自己原本不願意說的事。而且在說出來之後，黛安發現這根本不會像自己原本想像得那樣不舒服。對黛安來說，把這件事說出來就是一個珍貴的學習經驗，也是個人成長重要的正向反映。

在和黛安討論起局外見證人重述故事的效果時，這樣的重述很明顯地在認知創傷本身及影響，還有黛安對創傷的反應上扮演了極為重要的角色。同時也很明顯地看到，在黛安的個人主導權（personal agency）重建與進階發展上，這樣的重述具有相當的重要性。

問題解決活動的反思

問題解決提供了一個豐富的情境，突顯出兒童珍惜的事物、生命的意圖，以及他們認為重要的人生智慧與生活

方式。在觀察兒童進行這樣的活動時，諮商師／社工可以記下兒童對於待解決任務的反應，以及他們在進行任務描述時的相互反應。接著可以詢問兒童對於這些反應的想法，以及他們對於問題解決活動經驗的進一步思考。

易卜拉辛、艾米爾和亞歷克斯

這次我諮商的是三名從自己祖國以難民身分移民而來的兒童，分別是易卜拉辛、艾米爾和亞歷克斯。他們是因為有緘默症的問題而被轉介給我，同時這種沉默的狀態似乎是移民之前遭受的長期重大創傷所造成。

我們到附近的公園散步。因為前陣子的暴風雨，公園裡的小溪變成了急流。三名男孩決定要過到小溪的另一邊去，所以思考起解決的方法。小溪不深，不可能把他們沖走，但他們可能會跌進水裡弄濕全身。運用在公園裡找到許多工具，帶著挑戰與冒險的精神，以及團體的互助合作，三個人終於成功地渡過小溪而且沒有弄濕身體。

之後我們坐下來聊起讓這個冒險成功的因素。易卜拉辛、艾米爾和亞歷克斯對冒險的感想，以及他們在冒險過程中說出的話，讓我在進行諮商時有一些基礎，能夠藉此問出他們珍視的事物，以及他們行動背後的意圖。在此我列出一些諮商過程中的提問：

易卜拉辛的提問

易卜拉辛，你說你有一度很擔心亞歷克斯，甚至超過擔心自己的程度。你還說這是「互相照顧」。

- 在這個渡過小溪的冒險中，為什麼會讓你感覺到要「互相照顧」？
- 你覺得這對艾米爾和亞力克斯有怎樣的影響？
- 你覺得互相照顧的感覺怎樣？
- 你覺得互相照顧對你來說什麼是最重要的？
- 你可以告訴我是否曾經有過其他需要「互相照顧」的經驗嗎？

艾米爾的提問

艾米爾，我聽到你說你有一度覺得不會成功，但你還是不放棄，因為知道等成功過到另一邊的時候會很開心。

- 在艱難或危險的情況下，還是繼續嘗試渡過小溪，你會怎麼形容這樣的能力？
- 在渡過小溪的冒險中，這種能力是怎麼發揮讓事情成功的功效？
- 你對堅持繼續嘗試有什麼感覺？
- 我了解你是覺得要「再試一下」，而且「知道在過到另一邊後狀況會比較好」。你可以說說看在困難的狀

況下堅持到底，讓你學到了怎樣的人生道理？

- 你可以告訴我曾經在哪些時候，發生過在困難的狀況下堅持到底，結果真的成功了呢？

亞歷克斯的提問

亞歷克斯，你說你自己設定了目標，而且不管怎樣都不會放棄。只要是你覺得重要的目標，就堅持到底不畏困難，你會怎麼形容這樣的能力？

- 在渡過小溪的冒險中，這種能力對你產生了怎樣的影響？
- 對你來說，像這樣為了目標堅持到底，是怎樣的感覺？
- 這樣的能力對你想達到的人生目標有怎樣的作用？
- 過去有沒有發生過的哪些例子，是你為了目標不肯放手，為了渴望的事物勇於爭取的呢？

後來我和易卜拉辛、艾米爾和亞歷克斯又會面了幾次，這讓我有機會詢問這些少年在人際關係／社會／文化上曾經發生的故事，像是他們所珍視的事物、對於自身行為意圖的理解，還有我們對話中經常提到的知識與技能。透過這些提問與對話，易卜拉辛、艾米爾和亞歷克斯了解到，他們的人生故事，其實是以一種值得開心驕傲的方

式，和自身文化歷史的珍貴故事相連結。

當我發現支線故事發展能讓這些少年擁有另一種相對安全的自我認同時，便開口問起他們自己最珍視的事物，以及生命的意圖與目標，還有各式各樣幫助他們熬過創傷的能力、知識與技巧。三人都同意分享。在這樣的敘事情境中，三名少年詳細地描述了他們的創傷經驗。我鼓勵他們思考一下，要把這些難過的事情講出來是怎樣的心情，然後我得知，這是他們第一次能夠在說完之後，沒有產生「糟糕透頂」的感覺。

之後和易卜拉辛、艾米爾和亞歷克斯的會面，是以局外見證人的方式來進行。他們輪流重述對方經歷過的創傷、造成的影響與反應。重述對於創傷經驗、造成的影響與反應的認知非常重要。和黛安一樣，對這些少年來說，在個人主導權的重建與進階發展上，重述扮演著重要的角色。

自然互動的直接觀察

直接觀察受創兒童之間的自然互動，可以幫助我們尋找支線故事發展的切入點。

詹姆士、艾蜜莉與貝絲

詹姆士（十一歲）、艾蜜莉（八歲）與貝絲（七歲）三兄妹，在小時候遭受到嚴重虐待與忽略。在與他們的第

一次會面中，有好幾次我看到了詹姆士對兩個妹妹的照顧。照顧的動作非常明顯，例如像是在過程中我問到幾個互相關聯的簡單題目，詹姆士會幫助艾蜜莉和貝絲清楚表達自己的想法。

這樣的觀察在諮商過程中提供了治療上的提問基礎，讓我能鼓勵詹姆士、艾蜜莉和貝絲：

a. 列出照顧的能力
b. 描述照顧能力的細節
c. 這些能力對艾蜜莉的生活和貝絲的生活有怎樣的影響
d. 猜想運用這些能力，會讓詹姆士自己未來的生活擁有怎樣的可能性
e. 透過這些能力的看見，可以反映什麼是詹姆士最重視的事情
f. 回顧這些能力如何在詹姆士的人生中發展出來
g. 找出詹姆士人生中懂得珍惜並欣賞這些能力的人，以及潛移默化讓他發展出這些能力的人

後來發現詹姆士三年級時的老師，就是潛移默化讓他發展出照顧能力的人。於是邀請了她參與第三、四、五次的諮商。做為局外見證人，這位老師扮演了非常重要的角色，不但讓詹姆士人生的支線故事豐厚發展起來，同時覺察到詹姆士（還有艾蜜莉和貝絲）所遭受的創傷，更讓詹

姆士的個人主導權能夠獲得重建與進階的發展。

從旁觀察，艾蜜莉和貝絲對詹姆士的照顧其實也沒有不知不覺。這讓我們得以將探討的重點放在兩人如何打開自我，接受他人的關心與支持，以及兩人與他人連結的能力。

等到時機差不多了，我開始詢問這三個孩子，這些能力是否讓他們在過去遭遇磨難的時候比較好過一點。這時候，三個孩子很爽快地告訴我，這些能力讓他們撐過了發生在自己身上的虐待和忽略。曲折而鮮明的證言，包含了他們承受的各種細節，幾乎是之前從沒談論過的內容。接下來的幾次會面，可以清楚看到詹姆士、艾蜜莉和貝絲現在有了說出自己受到虐待及忽視的基礎能力，不再擔心會因為這樣的遭遇而被另眼看待，同時也不會有產生二次創傷的風險。

結論

本文中，我強調了支線故事發展在受虐兒諮商中的重要性。支線故事發展讓這些兒童能夠擁有另一種自我認同的位置，說出自己的創傷經驗。這提供了兒童相當程度的免疫力，免於二次創傷的潛在風險，能夠回應諮商治療的引導，幫助他們說出自己的創傷經驗與影響。我也舉出一些例子，示範如何在受虐兒諮商時去引導相關的提問。未來我會進一步討論兒童諮商在處理時考量因素之間的關聯

性。

　　雖然諮商時我強調安全路線，但並不代表諮商師和社工要去避免觸及兒童曾經受虐的事實。而我自己在進行創傷治療時，也不會試圖去淡化來訪者對於創傷及影響的表達。我一向很願意開放空間，讓來訪者說出他們沒有機會說出的話，將從未觸及的話題訴諸於口。不管是遭受哪種創傷，我的治療原則都是如此，包括像是政治迫害，或是因為社會災難而受苦的人們，例如傳染病的受害者。然而，我也會在我的理解與能力範圍內，盡量去建構來訪者可以完整說出創傷經驗的情境，但不會讓創傷可能造成的中長期後果危及他們的生命。我從來沒有因為想要來訪者說出他們經歷過的事情，使得他們受到二次創傷。

註釋

1. 【原註】所謂的「支線故事」發展，是讓兒童人生中較為薄弱、藏在主要故事陰影中的其他故事進一步獲得擴展。這個解釋十分貼切，因為這些故事線在治療對話的一開始顯得薄弱，並不是因為碰巧而已。這些故事線之所以成為副線，是在政治情境中處於失格、弱勢、戲謔與邊緣化的狀態。

2. 【原註】我在諮商時經常安排局外見證人來參與。想要了解局外見證人參與治療實務的架構，以及如何建立讓局外見證人進行故事重述的認知傳統，詳見懷特 2004a 與 2004b 的研究。

第六章

敘事治療實踐與
身分結論的解析

麥克·懷特　撰

丹尼爾

　　丹尼爾（註1）是個表情悲傷的十一歲男孩，由他的父母，湯姆和露西帶著來見我。這對父母已經走投無路，抱怨丹尼爾毀了他們的生活。根據父母的說法，丹尼爾以各種所能想像的方法「將麻煩帶入」他們的生活。他已經被兩間學校退學，現在則是被第三間停學。丹尼爾惹上麻煩的對象包括了警察、鄰居、同學的父母，在家裡當然也是不斷製造災難。我傾聽著這些細節，心中明白露西和湯姆正在把丹尼爾的行為一一貼上邪惡的標籤。事實上他們對這些事件的陳述，在在對丹尼爾的身分認同做出極為負面的結論，讓我實在聽得很難受。此外，他們還斷定「丹尼爾就是要來毀滅這個家庭的」，他是個「毫無用處、毫無價值」的人，「不管對自己或其他所有人都很沒用」，「想要做任何幫助他的事都是徒勞無功」。丹尼爾對這一切的反應似乎是故意裝成不在乎。他就坐在那裡，對自己生活與身分認同的這些陳述既不承認也不否認。不過我覺得，他對自己的觀感就是這些非常負面的結論所描述的樣子。

　　我告訴他們，聽到這些細節，我逐漸了解到這種情況是多麼令人沮喪。湯姆的反應是大喊：「你聽到的根本還不到一半！」我的反應是：「我可以問一些問題嗎？這樣才能幫助我更完整地了解所有這些在你們生活中發生的麻煩事，究竟造成了怎樣的影響。」露西和湯姆讓我開始提

問，沒多久我就發現這麼做的麻煩，這讓露西對於母親這個身分認同產生高度負面的形象，她變得幾乎無法與其他母親在教養的話題上有所連結。因此露西變得孤立。我也發現這樣的麻煩讓她和丹尼爾之間的關係變得頗為負面，以致於她無法像一般的母親一樣對待自己的兒子。「這些麻煩的狀況在妳扮演母親角色上，產生了這麼大的影響，妳對此有怎樣的感覺？」我問露西。「對於橫亙在妳和丹尼爾之間的麻煩狀況，妳又有怎樣的感覺？」在回答這些問題的時候，露西不禁落淚。我問她為何掉淚，她開始告訴我，自己錯過身為母親的機會，這令她多麼悲傷，而她沒有像一個母親那樣去了解自己的兒子，也對此覺得很沮喪。

然後是湯姆，我問他，覺得麻煩的狀況對他的生活造成最重大的影響是什麼。一開始他對我的問題感到不知所措，反應是不知道該從何說起。所以我又問他，身為丹尼爾父親，他對於這些麻煩狀況的感受，最明顯的影響是什麼。湯姆回答，他從來都不知道要怎麼去當丹尼爾的父親，丹尼爾沒有給他扮演父親角色的餘地。「湯姆，你覺得這樣的狀況自己可以接受嗎？」我問道。他的回答是放棄與絕望各半：「喔，我有我的夢想，但這是重點嗎？」我很快地問了湯姆他的夢想是什麼，一直追溯到剛知道懷了丹尼爾的時候。過了一會兒，我問道：「所以你覺得這些麻煩對你的夢想造成了什麼影響？」他情緒沉重地回

答：「麻煩壓垮了夢想。」

接下來輪到丹尼爾。「不知道你們同不同意，」我問湯姆和露西：「我現在就問丹尼爾，這樣的麻煩對他的生活造成了什麼影響？」「問吧。」露西說：「不過我覺得你應該問不出什麼。」「丹尼爾。」我說：「你剛剛聽到了，我和你的爸媽討論了這樣的麻煩對他們的生活造成了什麼影響。現在我想問一些類似的問題，可以嗎？」丹尼爾的回答是聳聳肩。我決定繼續下去：「這樣的麻煩讓你覺得自己是怎樣的人？讓你塑造出怎樣的形象？」丹尼爾的回答是再次聳聳肩。我說：「我可以把你的聳肩當成是可以繼續問問題，然後如果我想得不對的話你會告訴我？」我想我感覺到他微微點了頭。雖然我不太確定，但還是決定依循這樣的感覺繼續下去：「你同意我問問你的爸媽，他們對這個問題有什麼想法嗎？」又聳了聳肩。「謝謝。除非你發表其他意見，不然我會當成是你願意讓我問。」我覺得比較有信心了，感覺到丹尼爾有一點願意合作。

詢問露西和湯姆這個問題的時候，露西說她覺得這樣的麻煩幫丹尼爾塑造了一個陰暗的形象。湯姆則說得更多一些，他認為這樣的麻煩讓丹尼爾覺得自己是個「一無是處的懶人」、「浪費時間的人」、「甚至是個無用的人」。這些敘述是湯姆和露西在會談一開始時就說過的話，但他們對丹尼爾的人格也說不出別的話了。這些敘述

已經讓他們失去了形容丹尼爾的權力。

我們經歷的究竟是怎樣的一段過程！會談一開始，湯姆和露西告訴我許多他們自己，還有其他人對丹尼爾的身分認同所做出極為負面的結論，我猜測丹尼爾內心應該也是同意這些別人對他和他的生活的看法。他相信這些結論就是自己身分認同的真實內容，他覺得自己就是這樣。現在，三、四十分鐘後，從這段對話中，我們體驗到一些共同的感覺逐漸發展出來，這些結論說的其實並不是丹尼爾全部的樣子，他還有一些不同於這些負面結論，甚至完全相反的部分。這些負面結論不再代表他真實的面貌。

諮商所開啟的這道門，讓我們變得更容易合作。「丹尼爾，自己被說成這麼負面，你有怎樣的感覺？」這次丹尼爾不再聳肩。他瞄了父母一眼，我把這當成是一種暗示，所以開口問湯姆和露西：「你們覺得丹尼爾被說成這麼負面，心裡會有甚麼感覺？」湯姆回答：「我想他應該會覺得很孤獨，也很悲慘。」「我發現他有在偷偷難過這件事。」露西說：「因為我確定有時候早上會在他的枕頭上看到濕濕的淚痕。」我看著丹尼爾，不知道他會承認還是否認這件事。突然我看到他的眼角泛出一滴淚。我們都看到了。丹尼爾把頭轉到一邊，靜靜地等待淚意消散。他回過頭來的時候已經看不到淚滴，但在這滴眼淚之後，事情就變得不一樣了。眼淚的存在代表了一種訊號，對於這樣的麻煩，丹尼爾就和其他人一樣採取了一個立場。現

在，看起來是第一次出現了機會，讓這個家庭裡的成員能夠團結在一起，和我共同努力，讓他們的生活脫離原先的可怕困境。

解析負面身分結論

外化的對話，如同上一段敘述的過程，只是敘事實踐工作領域的其中一種可能性。不一定每次的敘事治療都一定要用到。事實上，我在進行來訪者諮商時不常用到外化的對話。不過如果來訪者帶著非常負面的身分結論前來進行治療，外化的對話對於解析這樣的狀況其實頗有幫助。

我相信各位讀者對於這類的結論應該不算陌生。舉例來說，形容一個人「無藥可救」、「完全失敗」、「無用無能」、「毫無價值」、「令人厭惡」、「行為失當」等等。也許你在過去就曾經親身經驗過這類的身分結論，即使只是在事情不像你想像得那樣順利進行時，一瞬間感覺到自己是個失敗的治療師！我覺得這很正常。畢竟在現在的這個社會，這種個人的失敗感覺常常會衝擊我們，而且隨時隨地都有可能發生。只要這種負面身分結論的作用持續越久，人們的生活就越無法擺脫這種結論的影響。這樣的結論常常會讓人們失去處理生活中困境的行動力，而且會強烈地感覺到自己的生活充滿不確定感，好像時間凍結了一樣。

通常在解釋並示範外化對話的運用時，我會說明這種

對話可以將來訪者的負面身分認同解析到的程度，基本上我稱之為「單薄結論（thin conclusions）」（從紀爾茲〔Geertz〕的「單薄敘述」而來〔1973〕）。事實上，我相信外化對話的主要作用之一，就是解析人們對自己與他人身分認同的單薄結論。在這樣的過程中，這些結論失去了原本建立起的真實狀態，失去了原本擁有的力量與作用。我想在我與丹尼爾和他的父母進行的外化對話中，就可以很明顯地看出這樣的結果。也許可以再舉一個簡單的例子來進一步說明這種對話的運用，如何剝去單薄結論所建立的真實狀態：

珍被轉介給我的時候，被診斷出邊緣個性失調的症狀。做出這個診斷的住院心理醫師莎拉，希望能夠給予珍多一點的幫助，讓她脫離這個不斷入院的循環，不要每次都因為自殘、自殺的行為，還有極度憂鬱沮喪而被送到醫院來。在我與珍和莎拉進行會談的初期，發現珍覺得自己是一個令人厭惡的人，而她也因為這樣所以厭惡自己。針對這一點，在珍的同意下，我詢問了珍和莎拉這種自我厭惡對珍的生活造成了怎樣的影響。提問的內容如下：

• 這種自我厭惡讓妳覺得自己是怎樣的一個人？
• 這種自我厭惡在妳心中對於自己的形象種下了怎樣的種子？
• 這種自我厭惡讓妳怎麼對待自己的身體？

- 這種自我厭惡會讓妳養護自己的身體，還是會讓妳否定自己的身體？
- 這種自我厭惡會讓妳愛惜自己的身體，還是會讓妳用居高臨下的嚴格方式管控自己的身體？
- 這種自我厭惡希望妳和他人之間產生怎樣的連結？
- 這種自我厭惡是不是建立了一種權威來評斷他人對妳的態度？
- 自我厭惡的運作方式為何？對妳和他人之間的關係有怎樣的影響？
- 我可以詢問關於這種自我厭惡究竟會說出多麼惡毒的話語？是什麼樣的力量在支撐自我厭惡的狀態？

類似這樣的問題讓我們進入更進一步的外化對話，去除自我厭惡長久以來建立的真實狀態中自厭的成分。我們三人合作的第一步發揮了相當重要的作用，終於讓珍脫離了不斷入院的循環，也讓她找回對公平正義的熱情，以及融入日常生活的意願。

總之，這裡對於外化對話運用的說明與敘述，主要是在提供一個解析負面與無能身分結論的機制。不過如果要以外化的對話為主題進行討論，就不是只有我在此強調的這個部分了。

重寫的對話

　　然後我也要強調外化對話具有創造其他對話空間的作用，進而產生較為正面的身分結論。除此之外，這些其他的對話，也就是我常說的「重寫的對話」（舉例可參見懷特，1992，1995），對於與這種正面身分所結論連結的人生智慧與生活方式，還能產生認同與探索的作用。透過這樣的方法，（常由外化的對話衍伸而來的）重寫的對話便能對來訪者的生活與人際關係進行豐厚的敘述（thick or rich description）。生活與人際關係的豐厚敘述可以產生寬廣的可能性，讓來訪者在生活中採取之前無法想像的行動。在重寫的對話中，人們踏入了自己身分認同的其他經驗。事實上，重寫的對話是在塑造，或者構成，人生與身分認同。為了說明這一點，我要再回頭提一下丹尼爾的故事。

　　我們的外化對話讓這一家三口都衍伸出了另一種身分認同的表達。這樣的認同宣稱與他們充滿問題的人生故事互相矛盾。露西因為這樣的麻煩覺得自己不是個好母親，也因為麻煩讓她無法與丹尼爾建立良好的關係，但在她的沮喪和怨嘆中，卻又隱藏了另一種認同宣稱。湯姆在表達出夢想毀滅的絕望時，同樣也隱含了另一種認同宣稱，那就是身為男性與有潛力的父親。而丹尼爾的另一種認同宣稱，則是隱藏在露西和湯姆對於他的敘述之中，關於這樣的麻煩怎樣讓周遭的人認定丹尼爾的個性，還有他那滴特

別的眼淚。

在接下來的對話中，另一種認同宣稱中表達的所有夢想、希望、目標、價值與承諾，都被一一引發出來。此外，湯姆對於當爸爸這件事的夢想，也追溯到他在十四歲一段非常艱困的時期，自己所許下的誓言。這個誓言他從沒有告訴過露西或丹尼爾。這個誓言是，不要像他自己的父親對他那樣，去對待自己未來的兒子。露西則是有機會說出自己身為丹尼爾的母親，以及自己人生的重要目標和價值之間，有怎樣的關連，同時分辨出人生中曾經出現過哪些人物，是她會與這些部份產生連結的。露西還敘述了自己曾經在與丹尼爾的關係之間做過的努力，是這些目標與價值的反映，並強烈地呈現在我們的對話情境中。丹尼爾在露西和湯姆的幫助下，開始對自己為何流淚吐露真情。其中包含了之前沒有體認到的一種渴望，希望擁有父母和他人的「友情」。

對話進階後，和這些夢想、誓言、目標、價值與渴望相關的人生智慧與生活方式，也一一獲得深度討論。這讓這一家三口能夠互相對他們之間的關係，採取那些之前不可能發生的行動。結果就是，原本的麻煩轉變成三人生活中一個重要的存在。

綜上所述，我所強調說明的外化對話作用包括了：a. 幫助來訪者擺脫負面身分結論，和 b. 為其他的對話方式鋪路，產生並探索更為正面的身分結論。這樣的正面身

分結論並不是獨立現象，而是與特定的人生智慧和生活方式相關的。在許多情況下，如果只進行初步探索，這些知識、技能就只呈現出非常淺薄的痕跡。然而，我個人認為這樣的知識與技能具有某些潛能，對於塑造在這個世界上存在的其他方式，以及對於人生思考的其他方法，都有重要的影響。因此，如果能夠透過治療對話的過程，更進一步去深層探索這些知識與技能，那麼之前從沒想過的行動與可能性，就會浮現在前來諮商的來訪者眼前。

我相信，對這些不同於原本認知的知識與技能進行豐厚的探索，會是一種重要的考量。為了強調這一點，接下來我將舉的例子，是因為暴力行為而轉介來的來訪者的治療過程。首先，一開始的對話重心，會放在讓他們能夠做好負起自身暴力行為責任的準備，並去了解這些暴力行為對於他人生命造成了哪些短期影響和可能的長期後果。一開始的對話也會著重在解構塑造出男性優越和權力的身分結論，以及與這些結論相關的人生存在與思考方式。但這並不是最終的結果，事實上，只是剛剛開始而已。

我並不認為讓這些來訪者擁有機會去挑戰關於身分認同的「真實」，以及與這些真實相關的人生存在與思考方式，就足夠了。我也不認為這樣就能讓這些人自然地對「本質」智慧形成的非暴力生活方式有更多了解並願意去實踐。我認為在這個階段，更重要的是幫助他們去拓展並探索治療對話賦予的新的認同宣稱，以及與之相關的其他

人生智慧與生活方式。如此一來，就能帶出來訪者生活中其他領域的特質，最後讓他們能夠在原本充滿暴力的生活領域之外，擁有其他立足之地。我相信只有透過拓展並探索其他人生智慧與生活方式，才能讓他們產生有效且持久的個人責任感。

生命與身分的本質敘述

希望我已經成功地介紹了外化對話的一些重要面向：如何幫助來訪者擺脫負面身分結論，如何更進一步開展重寫對話的空間，帶出對於其他人生智慧與生活方式的豐厚敘述。現在我希望能花一些篇幅來釐清一些與這種對話相關的常見誤解。

其中一個誤解是，治療過程中深度探索的正面認同宣稱，在某種程度上可以代表來訪者身分認同的「真實」。正面認同宣稱的發展通常會被歸類成現代人文主義對生命的理解。即使我在撰寫敘事治療的文章或是進行教學的時候，都會特別注重認同宣稱的歷史與文化基礎，但這樣的誤解依舊存在。

另一個誤解是關於重寫對話中浮現的其他生活知識與技能。這些知識技能通常會被認為是生命既有的「真正」知識與「純粹」或「真實」的技能，是本質中「固有」或「無意識」的部分。然而，我從來都不認為是如此。我一直都覺得這些能夠塑造另一種生活方式的知識和技能，是

歷史與文化的產物。這些知識技能在許多文化組織的情境中發展成形，包含了家庭這樣的結構，不管是原生家庭、收養家庭或選擇家庭。

在這樣的誤解情境中，敘事治療被認為是「實驗性」療法，讓人們的生活變得更能正確反映出自己「真正的本質」、「基本的人性」與「純粹的真實」。我覺得這種人文主義對敘事治療的解讀其實很容易理解，因為在當代的西方文化中，人文主義的論述非常普及，塑造了我們對於生命中絕大部分表達的日常理解。這些理解構成了生命與身分的本質敘述。其中，身分認同被當做本質與人性的產物，這種本質是由在人的中心「發現」的「要素」或「元素」組成。根據這種生命與身分的概念，人們遭遇的問題都是因為人性的要素或元素受到外力壓迫、抑制或扭曲的結果。要解決這些因為本質概念所遭遇的問題，就是要去辨識、挑戰並拋開這些壓迫、抑制與扭曲的力量，讓人們有機會展現真正的自我，能夠更自由地活出一個更正確反映出他們人性本質的生活。就這樣的概念來看，雖然人們的問題可以從歷史角度去理解，因為問題是在人們生活的歷程中逐漸發展而成，但解決的方法卻不考慮歷史的因素，完全是從本質的角度去考量。

解構生命與身分的本質敘述

那麼，所謂的「人性本質」究竟是什麼？很清楚的一

點就是，人性本質並不是一直都存在。還有另一點也很明白的就是，在人性本質概念的歷史中，人性本質並不是一直維持不變。在不同的時代，構成人性本質的基本要素與元素就會不同。在此我將簡單地說明人性本質在當代西方文化中所扮演的角色。為了配合本文主題，對於人性本質敘述的介紹，將會著重在強調構成的要素或元素被視為個人特質，以及常被稱為「本源」或「力量」的部分。

本文的讀者，如果我問你是否擁有任何像是力量或本源的個人特質，我猜應該絕大多數的人都會給我肯定的回答：「怎麼這麼問？我當然有這樣的特質。」而如果我問你這些個人特質是否與你的身分認同相關，我猜也會有很多人給我肯定的回答：「當然。但不是應該每個人都這樣嗎？這些是構成身分認同的基石啊。」我們稱為力量或本源的存在，也就是所謂「自我」的元素或要素，現在已經可以算是眾所周知的事實。但這種關於身分認同的本質主義概念，其實相對來說是比較新穎的想法，不只是在整個世界文化的歷史是這樣，即使在西方文化的歷史也是。

也許舉幾個不同文化來進行比較，就可以說明這些概念在世界文化歷史中到底有多麼新穎：

　　　　我和一群來自澳洲西部沙漠不同原住民聚落的長者坐在一起。我是跟著幾位常一起搭檔工作的澳洲原住民朋友去到這個聚會，透過口譯，討

論這些長者邀請我們來一起進入的議題。這個議題是關於原住民聚落內部發展的一些非常重要且急迫的困境與考量，全部都和兩百多年前歐洲人入侵並佔領他們的國家所造成的影響有關。在討論中，我發現長者們自己已經主動去陳述了這些困境與考量。他們在極度沮喪的狀況下，還能夠採取這樣的主動權。

我非常敬佩他們的主動行為，也希望能找到方法進行確認。我會努力想找到方法確認，是因為就我所知，傳統原住民文化對於生命與身分的理解，是抱持非本質主義的看法。這樣的認知十分重要，不然你認為如果把這些主動行為給我的感覺，對於這些長者個人力量與本源的看法說出來，結果會如何呢？也許，在這樣的情況下，我們這場營火會議就會陷入沉默。要不是我們之間的連結已經發展出些許的信任，我想這些長者應該會產生一些不太禮貌的反應：

> 那些以歐洲為中心的心理學伎倆，你還是留著自己用吧！是想要跟統治我們所有的一切一樣，也要殖民我們對於生命的理解嗎？你用這種方式來了解我們，是對我們祖先的不尊重。我們的祖先陪伴在我們身邊，握著我們的手，讓

會議能夠順利進行。你這樣是在侮蔑我們的夢想
（Dreaming）。

　　因此，雖然我很確定我們大多數人不會懷疑這些元素
或要素的存在，而且認為這是普遍的現象，但其實並不是
世界上所有的人都能理解擁有個人的力量或本源是怎麼回
事。許多其他文化的人並不是用這種方式來了解自身的生
活。除此之外，這些人性本質的要素與元素即使在主流西
方文化中，存在的時間也還不是那麼久。

　　擁有個人特質是幾個世紀以來西方文化中持續成長的
普遍現象，在現代自由主義發展過程中獲得相當大的推
動，同時也提供了西方民主制度絕大部分的基礎。現代自
由主義重視個人的權利，強調私人財產的所有權，並能夠
對任何從財產中獲取的事物進行操作或拋棄的全權處置。
個人可以藉由耕耘來增加自己的財產，或是藉由開發來運
用自己的資源。在現代自由主義中個人合法擁有土地的概
念，衍生出個人擁有的自我認同也能夠算是所謂的財產。
也可以理解成自我是透過操作個人擁有的內在特質而產
生，就像我們可以操作外在資產來增加財富或儲存資源。
經由操作某些特質而產生自我的概念，讓個人能夠合理去
擁有自己勤勞付出所獲得的成果。

　　如果能夠理解身分認同是由個人擁有的特質所構成，
那麼人們便能擁有自我。擁有了自我之後，就可能藉由耕

耘來增加自己的財產，或是藉由開發來運用自己的資源等等。現在這個時代，我們受到各式各樣的鼓勵去擁有自我，透過自我耕耘讓內在生活成長，透過深度挖掘接觸到個人本源，將之帶到表面，加以循環累積運用。

我想強調的是，雖然在此花了篇幅來說明從人文主義的角度對敘事治療進行的再度詮釋，以及將身分認同的發展視為個人特質，從中可以找到構成自我的元素和要素，也就是常被稱為力量或本源的部分，但我的目的並不是要說這些想法是「錯的」、「不好的」或是「沒有幫助的」。在說到這些與人性本質相關的概念時，對於這篇文章的讀者可能抱持的任何信念，我完全沒有輕蔑的意思。而我用這樣的方法去解析這些人文主義的想法時，也沒有要否定人文主義做出的許多重大貢獻。此外，在敘述本質主義對人生與身分認同的理解時，我也不會認為在當代西方文化這種生活情境中，我們能夠完全擺脫或甚至應該在日常生活中盡量避免去偷渡這些想法。我反而是想要強調以下的事實：

a. 形塑我們現在對於人生與身分認同普遍理解的本質主義概念，其實在相對近代的西方文化歷史中佔有主流的地位。

b. 人性本質並非一直都是現在我們所理解的樣貌，其內容一向都是歷史與文化所塑造出來的。

c. 我們的身分認同並非永遠與我們的個人特質一致，我們也不是一直都擁有所謂力量與本源這些要素與元素。

d. 在解構這些對於身分與生命的本質敘述時，我們不需要一直受限於存在於我們生活與他人工作關係中這些不容置疑的複製內容。

　　本文中，我把重點放在解構被認為是個人特質的身分本質敘述。然而，因為現在對於身分認同產生了太多前所未見的本質敘述，需要解構的現代身分認同的「內容」，甚至是人際關係認同的部分，似乎就變得無邊無際。舉例來說，「關係動力（relationship dynamics）」。對我們來說這是非常新穎的概念。關係動力學發展的歷史並不長，大概是最近三十年開始流行起來。事實上，關係動力學毫無疑問可說是目前的顯學。現在有越來越多人開始運用，如果許多的本文讀者也在他們自己的關係中感覺到這樣的發展，我不會感到太驚訝。

　　然而，雖然關係動力成了顯學，我們還是可以問：「關係動力學的使用是件好事嗎？」會問這個問題，並不是說在 1960 年代關係動力學開始發展前，大家的人際關係都不會遭遇任何問題，甚至是困境。我也沒有想去贊成或反對關係動力學的結構。但是這個提問可以讓我們接著問出以下的其他問題[註2]：

- 什麼時候關係動力的概念成為了我們對人際關係理解的主要方式？
- 怎樣的歷史情境造成了這樣的狀況？
- 這些概念都被應用在哪些方面？
- 這些概念提供了怎樣的可能性？
- 關係動力的概念具有怎樣的限制與危險？

我們也可以對心理需求（psychological needs）提問同樣的問題，雖然這個概念存在的時間更長一點，大概在1920年代晚期到1930年代初期出現，但是真正流行起來是最近這四十年的事。近年來的歷史地景經常發生不同概念突然間的爆發。現在大家對於心理需求已經不會陌生，而且相當了解心理需求在自己身上的運作。

生命與身分本質敘述的限制與危險

接下來的討論，我會說明生命與身分本質敘述在治療對話的情境中，我所了解的一些相關限制與危險。但在討論之前，我想先提出在微觀和宏觀的生命情境中，人文主義的確做出了許多珍貴的貢獻。舉例來說，身分認同就像是一個人所擁有的財產，其中含有人性本質的要素或元素，這樣的概念被用來挑戰了許多控制與剝削的行動。個人能夠主張擁有自己的聲音，那麼在面對其他權威和負面敘述強加在自己的身分認同上時，就能以強而有力的策略

來對應。在這樣的策略中，一個擁有深層歷史與文化的真理宣稱，可以用來挑戰並否認別人強加的其他真理宣稱。在重要的社會運動情境中，都可以看到許多人文主義與自由主義運用的豐富範例。

　　既然我認同人文主義的許多貢獻，為何又要對於用生命本質敘述為基礎的這些主流身分宣稱進行解構呢？主要是因為我相信，在治療對話這樣的特定情境中，會發生一些和這樣的本質敘述相關的限制與危險。而這些限制與危險，與這種概念所產生的正向可能性相較，常常嚴重得多。我認為如果另一種身分宣稱，以及相關的人生智慧與生活方式，被視為代表了人們的人性本質，那麼治療對話中的選擇就會大幅受限。對此我最擔心的一點，就是如果人們偏好本質敘述的身分結論，認為治療對話應該扮演解放的角色，那麼治療師對於治療過程中的建構所要擔負的責任，能有的選擇就會極度縮減。不僅如此，如果對話的結果被理解成人性本質的表達，或是被理解成人們生活的真實狀況，那麼對話對來訪者所造成的真實影響，其道德責任就會讓治療師難以擔負。另一個考量，則是我已經在本文中說明過，治療對話中產生的來訪者較樂見的身分結論，與相關人生智慧和生活技能的豐厚敘述，都會因為本質敘述定義的影響而封鎖了選擇的可能性。

　　以下則是我認為在治療對話情境中，生命的本質敘述會造成的其他限制與危險：

1. 首先，如果將個人的表達當做是本質中特定元素與要素的表面操作，這種本質主義的理解方式就會將我們束縛在「單一聲音」個體性的複製之中。這種個體性是西方文化最受到珍視的特質，我相信所有的讀者都很熟悉這種封閉式、相對隔絕的個體性。在複製這種單一聲音的個體性時，生命與身分的本質敘述便會封鎖住多重聲音經驗的身分認同，不讓人們有機會去體會。這種經驗在牽涉到身分認同時，能夠去突顯個人生活中其他重要角色的聲音（參見懷特，1997）。

2. 第二，身分認同的本質敘述會建構出強大的普遍或一般生活規範，一種強調「整體性」、「自制自持」與「自給自足」概念的規範。如果在治療對話情境中複製這樣的普遍規範，治療師便成了現代社會控制模式的運作媒介。這種社會控制的模式是以人們生活中標準化的判斷為基礎。而標準化的判斷鼓勵人們隨時監控自己的生活，將自身所處的各種健康與發展連續狀態，以及文化建構的規範之間產生的空隙封閉起來。

3. 第三，人生與身分的本質敘述，和現今充滿弱點、不足、失調與病症的社會現象，關係十分緊密。舉例來說，透過人性本質的元素與要素，像是力量或本源，來理解身分認同，和透過弱點與不足的概念來理解身分認同，其實是屬於相同的論述方式。如果沒有力量或本源的存在，人們也無法認知到生活中發生的困難

就是在表達弱點與不足。而如果沒有生命的本質敘述所提供的對比，那麼治療師也無法從病症與失調的角度來理解來訪者的表達。

4. 第四，身分認同的本質敘述所建構出的認知，可能會造成排擠他人的現象：「我們靠著自己個人的力量與本源克服了別人無法存活的狀態。」因為用這樣的方式去排擠他人，本質敘述便模糊了他人生活的情境，包括他們經驗中政治的運作。也因此造成了一些不利的狀況，剝奪他人可能擁有的機會與物質資源，讓他們無法藉此「克服」困境。這種本質敘述還會造成另一種排擠與邊緣化效應，那就是模糊了所有的「其他」選擇，所以我們看不到有另一種更適合我們的身分結論存在，也無法去發展其中的生活知識與技能。

5. 第五，人們重要成就的本質敘述對於奇蹟多所褒揚，卻可能抑制住好奇心。在治療對話的情境中，將成就歸類為奇蹟，討論便畫下句點，不會再有更深入的探索。而好奇心則會帶來延伸對話的機會，讓我們能夠去欣賞其中的複雜性。同時，如果對來訪者生活偏好的發展，治療師的反應歸類成奇蹟的話，那麼治療師為了對這樣的發展有如此的認知，便會偏向複製運用讚賞來進行判斷的現代療法：「給予肯定」、「指出優點」、「提供加強」，以及各種「稱讚的反應」。這樣便阻斷了重述來訪者生活故事的重要機會，但其

實重述故事具有對身分認同進行豐厚敘述的效果。

以上便是我所提出，與本質敘述對來訪者生活重要發展相關的幾種限制與危險。我的論點是，用這樣的敘述塑造出的治療對話，強烈地限制了讓對話進一步發展延伸的可能性，對話無法從多重管道與多重故事的角度來表達生活的所有面向。也因此，人們生活其他的許多領域就失去了探索開發的機會。

解析生命與身分的本質敘述

如果這些本質敘述阻斷了用多重管道來表達生活所有面向的豐厚對話，那麼治療師在面對這樣的敘述時，還可以有怎樣的選擇呢？其中一種方法就是展開能夠解析這些敘述的對話。就像外化的對話可以解析來訪者身分認同的負面真實一樣，正面真實狀態的身分結論也可以用對話來進行解析。

雖然解析身分認同本質敘述的過程並不是去貶低或抹滅這些受人珍視的理解，但這樣的方式也常常為我們帶來重大的個人挑戰。去解析我們自身偏好的認同宣稱，可以被看成是鼓勵我們踏入與侵擾聖地的邀請，而有時候也會正因為這樣的理由，我們無法接受這種做法。面對這樣的挑戰可能很困難。這是我們經常會想要逃離或避免的局面。我們會強烈希望舒適地繼續採用自己覺得熟悉、合理的生命與身分理解方式，而且如果是解析別人身上那個我

們比較不那麼喜歡的身分結論，拒絕去質疑自己偏好的概念，不要展開會解析這些概念與結論的對話，其實是比較輕鬆的選擇。但我相信拒絕這樣的挑戰，繼續待在自己的舒適圈，是一件非常可惜的事，會讓生活只能停留在單薄理解的階段。

在治療對話的情境中，決定不使用解析身分認同本質敘述的方式，會造成相當嚴重的限制，可能排除許多在對話中讓我們帶領來訪者進行生命與身分豐厚敘述的機會。同時也可能阻斷許多機會，無法對來訪者生活的其他領域進行緊張刺激的探索，或是充滿喜悅地展開身分認同新的遠景與地平線，以及體驗到治療對話中不預期結果後產生的驚喜。在解析身分認同本質敘述的過程中，我們可以發現許多完沒有料想到會發現的事情。除了以上的考量外，我也相信不使用這個方式去探索，會讓我們自己的生命與治療工作變得過於淺薄。

解析韌力

我現在面對的是海倫。治療對話的目標，看看能不能讓她對於童年與青少女時期所遭遇的暴力影響做更多的探索與陳述。她覺得她在別人的幫助下已經可以處理，而且也好很多了，但還是希望能夠更進一步重新掌控自己的生活。在我們對話的初期，我問過海倫，她認為究竟是什麼讓她得以撐過這一切，是什麼成功地讓她不受到過去遭遇

暴力行為的影響。海倫的反應，認為可能是她的「韌力」（resilience）讓她做到這件事。我詢問了海倫覺察到韌力的過程，第一次自己認定這種狀況是什麼時候，以及這樣的覺察對她來說有什麼意義。

海倫對這些提問的回答，不管是覺察自己擁有的韌力，或是敘述對過去生活產生的作用，都讓我感覺到她深切的重視。這樣的重視得出了一個高度評價的身分結論。然而，在我開始思考該如何去理解對這個覺察的重視時，她說道：「可是韌力還是不夠。如果夠的話，我現在就不用來找你了。」我告訴她，進一步探索這種韌力，可能可以讓她再從更多不同角度去陳述遭遇暴力行為的經驗所帶來的影響，因此我徵詢她是否同意，讓我再多提問一些相關問題。海倫同意了。以下我會列出一些問題的範例。真正的提問並不會這麼直接密集，而是根據海倫的反應去打造並進行微調。

第一組問題是鼓勵海倫對於韌力存在與代表的意義進行更豐厚的敘述：

- 什麼時候你最能夠感覺到韌力的存在？韌力如何影響妳的行為？
- 韌力如何塑造妳在生活中的樣貌？
- 韌力對妳和他人之間的關係有怎樣的影響？
- 韌力如何幫助妳在人生中繼續向前？

・韌力在妳對這些事情進行思考時如何影響妳？

第二組問題是讓海倫對於韌力與自己的關係進行更豐厚的敘述：

・妳知道自己是如何和這股韌力維持連結，來度過妳曾經遭遇的一切嗎？
・妳的人生中，是否有哪些時候是妳無法維持這樣的連結？
・妳運用了哪些方法維持這樣的連結？

第三組問題是讓海倫對於維持韌力的方法進行更豐厚的敘述：

・妳想過這些年來到底是什麼支撐著韌力的存在嗎？
・舉例來說，妳是否曾為這股韌力帶來希望呢？
・可以說說看是怎樣的希望支撐著這股韌力呢？
・妳知道是什麼讓妳能夠不向生活中的現實低頭嗎？
・妳是怎麼知道自己的生命其實可以有所不同？

第四組問題是讓海倫對於不公平的判斷進行更豐厚的敘述：

- 妳第一次意識到自己遭遇的行為並不合理是什麼時候？妳知道自己意識到這件事了嗎？
- 這對妳處於公平或不公平的位置有怎樣的影響？
- 我可以問妳一些問題，來釐清這種公平的狀況在妳過去人生中是如何呈現的嗎？

透過回答這些問題，海倫深入探索了與這種韌力概念相關的社會技能和生活知識與方法。了解到自己為了維持與韌力的連結，發展出怎樣的技能或方法。了解到是什麼樣的希望支撐著這股韌力，以及她如何獲得這樣的希望。了解到自己人生中公平的狀況，以及在生活中用各種不同的方法幫助自己與他人。以下我會提供一個簡單的例子，示範其中一種用問題開展對話的方式。

海倫在回答自己獲得怎樣的希望，了解到生命可以所有不同時，她發現自己想到的是國二時候的導師，墨菲老師。海倫那時過得特別不好，因此幾乎無法負擔學校功課，也無法集中精神上課。海倫驚訝的是，墨菲老師並沒有因此責難她，反而表現出高度的關懷與耐心，對於海倫任何一點好的表現都會去注意。事實上，墨菲老師看起來對海倫的注意要高過那些頂尖學生的表現。海倫回顧這些過往的事件，得出一個結論，那就是墨菲老師應該隱約懷疑她遭遇了某些狀況。海倫也深深地體會到墨菲老師極力地想要對她表示友善。

海倫國二時發生的事情，開啟了一種對話的可能性。墨菲老師欣賞到海倫一些其他人沒有注意到的特點，這樣的覺察與認知可能有助於海倫度過當時遭遇的狀況。另外也可以去探討墨菲老師的行為，反映出對她身為教師所看重的目標與價值究竟是什麼，還有海倫對這些行為的反應是否肯定了這些目標與價值。在海倫確認自己持肯定態度後，我鼓勵她去想想看，墨菲老師在面對她這樣的十四歲女孩時，體驗到了什麼。這段令人感動、充滿感情的對話，最後讓海倫得以在感覺到脅迫時召喚出墨菲老師的存在。現在遇到這樣的狀況，她就能夠召喚出墨菲老師的聲音來保護自己的身分認同，有效地取代那些用暴力危害她的生活的聲音。等到海倫準備好，我們就去拜訪已經退休了的墨菲老師。她還記得海倫，很高興能與她重聚，並願意加入我們的對話。我們三人的對話非常精采，不過那就是另一個故事了。

在此我提到的一些問題類型，以及其中一段對話的簡略介紹，都是在對海倫的韌力進行相對徹底的解析時所運用到的。透過這樣的提問與對話，海倫達到了自己的目標，抵擋了她所謂過去遭遇的暴力行為的「殘留部分」。海倫的想法沒錯。她說過：「韌力還是不夠。」但是把韌力解析掉就足夠了。

單只有韌力這項個人特質的本質敘述是不夠的，但如果把韌力看做是各種不同身分結論集合的象徵，或是人生

的智慧與生活的方式，然後對過去的發展歷史進行更豐厚的提問與敘述，等到這樣的提問讓過去人生中某位重要的角色重新浮現時，許多新的行動選擇就出現在海倫面前了。這些選擇能夠讓她抵擋過去遭遇的暴力影響。

最後，我要討論的故事，是關於我們身為治療師所擁有的可能性。在我們進一步發展自己的治療工作時，可能會遇到解析治療工作本質敘述的對話。

解析直覺力

喬是一名本地機構的治療師，希望我能在治療工作方面給予他一些建議。他在工作中遭遇了挫折，因此希望循求協助。在進行諮商的過程中，事情常常無法像他希望的那樣進行。他不想再一直感覺到挫折，希望能讓工作順利一點。「挫折經常發生嗎？」我問道。「幾乎每次都會。」他說：「雖然也是偶爾會有非常順利的時候。」我想知道他會怎麼敘述這些順利的狀況，但喬發現自己無法明確地給出定義。最後他的結論是，事情會順利進行，對他來說都像是碰巧發生的。如果要說真的是他做了什麼，也許就是剛好在這些的時候他的「直覺力」發揮了作用。我進一步了解的這種直覺力的狀況，發現雖然喬覺得這是一種很棒的能力，但因為太虛無飄渺了，無法運用在每天的工作中。

我想知道在喬的直覺力發揮作用時，他和來訪者的對

話狀況如何。得到的回答是，在這些時候，他的回應會讓來訪者「覺得非常感動有人聽懂了自己」，而且他的回應似乎能夠提供前來諮商的來訪者一個轉折點。喬希望他的工作能常常都如此順利。我對他說，能否再問更詳細一點，但可能會對這種直覺力提出質疑，但絕對不是加以否定。我清楚地告訴他，我知道直覺力是他所珍惜的一個特質，所以可能不想冒任何風險讓人質疑，他完全可以自己決定是不是要進入這一塊。我還告訴他，雖然這些關於直覺力的問題，在這次的諮商過程中並不是一定要進行的部分，但解析直覺力可能會提供一個解決挫折感的方法，讓他不會再這麼難過。

喬決定要試試看，於是請我提問與他的直覺力相關的問題。我請他告訴我，他最近一次在諮商過中感覺到直覺力運作的經驗。他說是最近幾週前來諮商的一個家庭。我問了喬，在這個家庭的諮商過程中，直覺力是如何運作，以及這個家庭的成員對這種直覺力表達的反應，他有怎樣的理解。我也問他，在直覺力運作時發生的哪些細節。透過這些資訊，我們接下來的對話便開始解析喬的直覺力。對話是由一連串的提問展開。以下我會提供一些問題的範例。真正的提問並不會這麼直接密集，而是根據喬的反應去打造並進行微調。

第一組問題鼓勵喬將自己在治療工作中產生的回應，與來訪者家庭成員對他發出邀請加入的特定訊息進行連

結：

- 我覺得你感覺到直覺力運作，都是在你的治療回應受到來訪者家庭成員所接受的時候。在這些家庭成員發出邀請訊息，希望你用這樣的回應方式加入他們的生活時，你有怎樣的覺察嗎？
- 在接收過的這些邀請訊息中，有哪些是讓你覺得你的治療回應最受到對方重視？
- 你覺得透過這樣的方式被邀請進入別人的生活，感覺如何？

　　第二組問題鼓勵喬將自己在治療工作中產生的回應，與來訪者家庭成員重視的那些治療回應進行連結。這組問題也鼓勵喬去敘述他運用的技巧，覺察自己會認知到這些邀請訊息的原因：

- 直覺力會在你的回應受到來訪者家庭成員特別重視的時候出現。你覺得他們發出了哪些訊息，讓你知道這些回應對他們來說很重要？
- 你可以告訴我，你是怎麼發展出覺察這些訊息的敏感度呢？你是怎麼發展出辨識與回應這些訊息的技巧，知道怎樣的治療回應是更恰當的呢？
- 這樣的敏感度如何在你的治療回應中傳達出來？

- 你可以告訴我，在你自己的人生情境中，是怎樣豐厚的基礎讓你得以發展出這種敏感度？

第三組問題是關於喬自己是否發展出一種覺察，能多清楚地意識到自己的某些治療回應對來訪者家庭成員來說特別重要（來訪者家庭成員會優先討論大家都覺得重要的議題）：

- 來訪者家庭成員感覺到你在稱讚他們討論的諮商議題時，就是治療工作的直覺力出現的時候。
- 對於不同來訪者家庭成員都覺得重要的議題，你會怎麼進行辨認與排序？
- 你對於自己和來訪者家庭成員在這種重要議題上的溝通有何想法？

第四組問題是希望喬注意到自己在表達「對存在的理解方式」上，是用怎樣的技巧讓來訪者家庭明白，同時讓自己的回應能夠與來訪者家庭的成員達成生活上理解的共鳴：

- 你覺得來訪者家庭成員在感到你能同理他們，你的表達方式符合他們熟悉的生活理解方式，那麼直覺力就會活躍地運作。你從自己過去的經驗中，是否覺察到

哪些部分讓你能同理來訪者家庭成員的經驗？

- 你想得到自己生活中有其他的情境，是讓你能夠熟悉或熟練自己在諮商過程中運用的理解與表達方式嗎？
- 這樣的經驗如何幫助你用來訪者家庭成員熟悉的生活理解方式，去做出治療回應？

第五組問題著重在辨識出喬在做出治療回應時，會使用的一般技巧與知識：

- 你的直覺力反映在你的治療回應讓來訪者家庭變得有所不同。我想問一些問題，讓你更能仔細敘述回應中使用的技巧與塑造的方法，以便理解為何能夠產生這種重大的轉變嗎？
- 你能否告訴我，在你的回應中運用到哪些人生智慧的敘述？
- 你過去的生活情境發展出了這些知識技能，對此你有什麼看法？

透過回答這類的問題，喬對於自己在與來訪者家庭諮商過程中使用的技巧與知識進行了豐厚的描述。直覺力就是這些技巧與知識的象徵。在釐清自己過去的許多生活情境提供了深厚的基礎，讓他產生、獲得並精熟這些知識技能的過程中，他也再次慎重地重新啟動自己的歷史。藉由

重新啟動歷史，在他人生中一些重要角色的聲音變得清晰可辨，其中包括了他的外婆，一位在他所成長的勞工階層社區中活躍的傑出女性。外婆為人謙遜而堅強，在困難絕望的時刻一直給予鄰居和朋友支持協助，卻又不會強力介入他人的生活。在運用新的方式認知到這些角色對他的生活與工作提供了哪些幫助的同時，這些角色的聲音也在他持續的治療探索中變得更加清晰。

之後與喬的對話，我們又對直覺力進行了更多的解析。在治療對話的情境中，我們有更多的機會去突顯「對方」對偏好的治療發展與偏好的治療師身分結論產生的影響，也就是去突顯前來尋求治療師諮商的來訪者對這些發展與身分結論產生的影響。在以上的例子中，影響的內容包括了來訪者家庭成員對喬所發出的訊號與邀請，我們之前的對話中已經辨識並認知到這個部分。然後，我們在進一步的對話中更深入去探索了來訪者家庭所造成的影響，也就是喬認為是直覺力的部分。

這樣的影響其實非常重要，但卻很少被注意到。尋求治療師諮商的來訪者通常會努力跟隨著治療師起起伏伏。在這種努力的過程中，來訪者會在治療師失常的時候同理他們，在治療師找對方向時肯定他們，在治療師的回應與自己產生共鳴時給予鼓勵與支持。同樣的，許多與來訪者的對話也能夠在治療師自己的生活，或與其他來訪者的諮商中給予支持。如果在治療對話的過程中能夠辨識與認知

到這些影響，來訪者便能覺察到與治療師更進一步合作的可能性。在這樣的狀況下，治療師比較不會感覺到負擔，也比較容易覺得自己的工作進行順暢。

解析了直覺力之後，喬獲得了更喜歡的身分結論。而在對直覺力象徵的許多知識與技能進行深層敘述之後，喬所煩惱的挫折感便消逝了。原本感覺不太實在的特質，也就是直覺力，現在變成了比較熟悉的實在特質。喬現在更能在來訪者的諮商工作中運用這些技巧與知識，而且工作也開始變得比較穩定順暢了。

結論

在本文中，我討論了敘事治療的一些面向。在丹尼爾與父母的故事，以及建立共享的位置以便處理麻煩狀況的初步工作，還有幫助珍脫離自我厭惡的故事中，我說明了外化的對話如何幫助解析來訪者的負面身分結論。我也強調了只是解析這些結論並不足夠。其他的人生智慧與生活方式，一開始通常只呈現出非常淺薄的痕跡，要透過更深層的敘述才能在行動與生活中創造出新的可能性。這些其他的智慧與方法可以從各種不同的角度去理解。我提出所謂智慧與方法的本質敘述，也就是將之視為「人性本質」要素與元素的表達，是相對來說比較新穎的生活理解方式，而且是從文化與歷史的角度產生的特定理解方式。接著，我還認為在治療對話的情境中，這樣的本質敘述會產

生某些特殊的危險與限制，遠比能夠帶來的正向可能性要
嚴重許多。

　　透過重述海倫的故事與韌力的解析，以及喬的故事與
直覺力的解析，我討論了在超越本質敘述，進入歷史、文
化與家庭的領域之後，治療對話可能獲得的可能選項。藉
由解析本質敘述，我們了解到其他人生智慧與生活方式的
發展歷史。這樣的解析讓我們知道人與人之間的生活，是
透過共享的主題與價值相連結。這樣的解析讓我們能夠啟
動不預期的可能性。我相信這會讓一切都變得不同。

註釋

1. 【原註】所有的名字都是假名。
2. 【原註】本文中的提問運用的是傅柯的理論。

第七章

合作關係的培育：
父母與兒童之間，兒童保護工作與家庭之間

大衛・丹柏洛夫（David Denborough）對
麥克・懷特的訪談

丹柏洛夫：我覺得治療師應該會常常在諮詢兒童／青少
　　　　　年和他們的父母時，出現充滿衝突與誤解的表
　　　　　達。你願意告訴我們在這個時候治療師應該牢
　　　　　記哪些原則嗎？

懷　　特：我常遇到兒童或青少年和自己父母之間的衝
　　　　　突。這種衝突多半是因為對彼此的動機產生許
　　　　　多誤解、傷心和負面結論所造成。有時候這樣
　　　　　的衝突會因為彼此走向極端，所以升級到一個
　　　　　雙方合作關係幾近完全崩潰的臨界點。通常這
　　　　　時候一家人就會尋求治療師的協助。在這樣的
　　　　　情況下，我當然非常樂意協助他們發展對話管
　　　　　道，培育之間的合作關係。
　　　　　　　家有兒童或青少年，又需要尋求諮商時，
　　　　　家庭發生的問題很容易會讓這些孩子的生活崩
　　　　　潰。在父母眼中，還有這些孩子的眼中也一
　　　　　樣，問題會反映在孩子的身分認同上。後果就
　　　　　是，父母和孩子在問題上會與對方發生相當的
　　　　　衝突。因此，如果能將問題外化，溝通出一個
　　　　　獨立的定義，就能創造一個較為寬廣的對話空
　　　　　間。
　　　　　　　在外化的對話情境中，如果父母與孩子有
　　　　　機會發現這個問題會對彼此的生活和關係所造

成的大範圍影響，那麼問題解決起來就會比較
容易。發現造成的影響後，父母和孩子便有可
能表達出自己挫折與失望的經驗，有效消除問
題中的衝突點。

丹柏洛夫：為什麼父母和子女有機會說出生活中特定的困
難或衝突所帶來的影響，會是那麼重要呢？可
以再多解釋一點嗎？

懷　　特：人們發現自己處於長期的衝突中，或是對他人
的長期衝突要做出反應的時候，通常都會趨向
想要完全控制（totalise）對方。如果是家庭內
的衝突，孩子跟父母都有可能被統合。在家裡
孩子比較容易被統合。在心理治療的傳統上，
父母比較容易被統合，而且通常是母親這個角
色。這樣的結果絕對是負面的。通常孩子和父
母會因此變得更為疏離，父母也會與諮商師變
得疏離。在一開始的外化對話中，很重要的一
點是：不可以輕忽問題對父母生活的影響。對
於與孩子之間的問題，父母可能會感到非常沮
喪與焦慮。在這個情境下，他們很難去傾聽孩
子描述問題的狀況，及其對自己生活的影響。

丹柏洛夫：可以再詳細說明對話的內容嗎？這種情況的對話常常會變成父母抱怨，孩子否認，然後再抱怨，惡性循環。要怎麼避免呢？

懷　　特：我很明白自己應該負起讓對話順利進行的責任。有很多方法可以盡到這樣的責任。如果父母抱怨或批評子女生活的某個部分，其中一種做法是讓他們去思考，抱怨中包含的「隱而不現」會是什麼。我會問的是，這些抱怨對於子女生活的某些層面的關心，對於與自己生活相關的某些部分的擔心，以及對於自己和子女之間的關係，代表著什麼。看起來無法實現的希望、被妥協的價值觀、受到阻撓的目標、遭到破壞的志向、經過摧殘的自尊等，都可能和這樣的疑慮相連結。

　　　　　說到疑慮，還有這些疑慮的來由，其實和抱怨一樣，會帶來各式各樣的對話。舉例來說，可以因此問出這些疑慮來自過去發生的哪些事件。在這種情境下，父母便有機會說出自己過去的某些經驗，而這些經驗有可能與當事者的希望、目標和價值是有關的。如此一來，最初的批評和抱怨因為是來自父母的經驗，就會變得更特別、更個人。當這些批評和抱怨因

此變得更特別、更個人的時候，子女就能從原本建構在他們身分認同中的那些負面結論獲得釋放。這也能創造一個空間，讓子女說出自己的疑慮及其緣由。

來到這個階段，才能夠去詢問子女是不是也對父母的擔心有著相同的疑慮，擔心著自己，擔心著生活，擔心子女自己與子女的關係。此時，通常會發現表達出來的至少有一項會是相同的疑慮。就算只有一點點，只要子女承認自己也在擔心父母所疑慮的問題，他們之間就能建立起一定程度的相互理解，提供發展出協同探究的基礎。這樣家庭成員便有可能討論更多的話題，不只是相同的疑慮，還有該疑慮是和哪些事情相連結，由此對於所有的問題產生更進一步的了解。這樣必定能獲得一個合作關係的平台來說出心中的擔心。

丹柏洛夫：但如果孩子跟父母沒有相同的疑慮呢？

懷　　特：如果子女並不擔心父母的疑慮，也可以更深入地詢問這個話題。我們可以問他為什麼不會擔心自己的生活、父母的生活，或自己與父母之間的關係。

子女對提問的反應可延伸出對話，從中不但能夠區分自己和父母的疑慮有何不同，還能夠呈現出他們正在發展的人生智慧與生活技能，藉此證明父母對自己的擔心其實完全不必要。然後我們可以對子女在這樣的知識技能基礎上所採取的行動，進行研究探討。

我發現青少年如果有機會說出自己的疑慮以及產生疑慮的緣由，像是自己的希望、價值、目標、志向等，或是有機會呈現他們擁有的人生智慧與生活技能，藉此證明父母對自己的擔心其實完全不必要，反而可以減輕父母的疑慮。父母不僅可以因此了解到子女的確好好地掌握了自己的人生方向，並明白子女也擁有足以解決生活困境的知識技能。

這樣的提問還有另一個好處，就是青少年能夠更豐厚地描述自己珍視的事物與人生的意圖，以及上述的知識技能，如此一來，這樣他們就更有掌握感，也對也更有辦法形塑自己的行為。

此外，還可以詢問子女對父母擔心親子關係這個問題有怎樣的理解，這件事對他們的生活造成了怎樣的影響。提問可以包括讓他們感覺不滿的各個影響層面，為什麼會對這些影響

感到不滿，以及他們可以怎樣消除或解決父母
的疑慮。這樣的提問可以創造出一個空間，讓
青少年表達自己珍視的事物與人生的意圖，以
及幫助他們與他人建立關係的技能。

丹柏洛夫：我相信在進行對話時，牢記這些不同的方法非
　　　　　常重要！

懷　　特：是的，重要的是要知道，不管對話的走向如
　　　　　何，都可以找到方法去建造、培育家庭成員之
　　　　　間，以及治療師和家庭之間的合作關係。

丹柏洛夫：那麼青少年抱怨自己父母的狀況又如何呢？

懷　　特：在對話中，我們大部分都會集中在父母對子女
　　　　　的抱怨與擔心。不過青少年同樣也會抱怨與擔
　　　　　心父母，如果反向去運用我之前說過的方法應
　　　　　該也可以。

丹柏洛夫：在進行父母子女的諮商對話時，還有別的方法
　　　　　可以培育合作關係嗎？

懷　　特：有很多，也許我可以再說一個。這個方法牽

涉到的是正面肯定父母對子女展現的知識與技
能，這尤其在父母感到自己不適任，覺得自己
是失敗的父母時，這會特別適用。在心理治療
領域有一個傳統，就是從負面觀點去認定父
母對子女生活產生的影響。也就是說，只要孩
子做出不適當的行為，父母或照顧者就會被認
為要負起責任。這種負面認定的傳統通常對於
父母和子女都有不好的影響，會讓子女疏離父
母，強調父母的無能，而且會讓孩子很難合理
地接納自己的人生。

在解決這個問題上，有很多方法可以去正
面肯定父母對子女展現的生活知識技能。這甚
至在父母面對子女養育的責任上造成潛在或實
際傷害的時候，也能夠發生作用。當然，如果
父母已經傷害到孩子，父母必須認識到這一
點，並表達出來。這絕對是首要之務。不過，
透過正面肯定父母對子女生活所造成的影響，
可以讓父母造成的潛在或實際傷害，變得比較
容易說出口。

丹柏洛夫：可以再多解釋一些嗎？

懷　　特：在治療對話的過程中，我們可以透過讓子女表

達出他們的能力，去辨認出他們的主動行為。
可能是在對話中出現的主動行為，或是過去發
生過的主動行為，例如孩子提到自己過去曾運
用某些知識與技能的故事。這些主動行為可以
在治療對話中表達得更完整、更有意義，並突
顯出孩子展現的人生智慧與生活方式。

完成這個階段之後，治療的提問接著可以
將焦點轉移到，父母對於子女採取主動行為中
所展現出的人生智慧與生活方式，有著怎樣的
影響。在進行提問時，不需要削減任何孩子的
成就。

丹柏洛夫：你的意思是說，在探究子女知識和技能的社會
　　　　　與人際發展歷程時，通常會發現父母對於這些
　　　　　知識技能的發展有著重大影響？

懷　　特：沒錯。對話過程能夠正面肯定父母對子女的
　　　　　某些知識與技能發展是有所幫助的。透過檢視
　　　　　子女知識、技能發展的歷程，必能更加突顯子
　　　　　女生活中人際、社會與文化的厚度。這讓子女
　　　　　擁有新的選擇去合理接納自己過去的人生，
　　　　　而且有機會發展出更強大的自我。對於父母來
　　　　　說，知道自己對子女的某些知識技能發展有所

幫助，能讓他們有立場去回顧、評估可能不是那麼滿意的教養過程與親子關係。這樣的正面肯定，能讓父母不會自認就是親子關係出了差錯，也因此能夠放下「防衛姿態」。

丹柏洛夫：我很想知道，在兒童保護工作中，你對這類合作關係的實踐方式，也就是社工對於可能是虐待或忽略等事件該怎麼採取反應，有什麼看法？

懷　　特：這是個大哉問！兒童保護工作的歷史並不是政府機構與被調查家庭之間合作關係的歷史。兒童保護工作中，當與牽涉其中的主要相關人士對話時，如果是在正常情境下，而且對方覺得可以坦白的話，他們通常會表達出後悔的感覺，後悔很多事情應該可以處理得更好。不是只有在幾十年前的兒童保護工作中會聽到這種後悔的心情。近十幾年來，甚至是現在的個案也會。透過對話，不管是負責兒童保護調查的人、制定兒童保護政策的人，以及接受兒童保護調查的人，包括大部分父母和許多接受這種調查與保護的青少年，都曾如此表明。

丹柏洛夫：這個領域看起來經常是充滿複雜性的。有沒有辦法讓對於兒童保護的回應變得更為合作順暢呢？

懷　　特：最近，社會上有越來越多人注意到，兒童保護工作如果缺乏有力的合作，會帶來負面後果，也就是那些在兒童保護單位與接受兒童保護調查的家庭間，沒有建立好合作關係就貿然進行的話，多會產生問題。因此，為了促進兒童保護調查的合作關係，許多改善措施被採納了。舉例來說，許多地方的政府機構針對接受兒童保護調查的家庭安排了會談課程，鼓勵父母，有時候連帶其他兄弟姊妹，一起制定保障孩童當事人安全的計畫。很多情況下，在採取更正式的法律行動之前，會先進行這樣的會談，目的是在這些會談中對於接下來要採取的動作做出初步的決定。

　　這樣的會談，以及其他促進兒童保護調查工作合作關係的方法，具有相當重大的意義。但是這只不過是個開始，目前還有很多方面需要努力。像是在現在已經建立起的、與諮商家庭討論兒童安全保障的管道中，我們該如何幫助這些家庭做好參與會談的準備，除了能夠討

論安全事項，還可以在討論保障安全與責任的動作之外，為接受兒童保護調查的孩子的親子關係提供恢復的基礎，以及商討在彼此關係活絡了之後，如何進行關係重建？

這個是重要的問題，因為在許多這樣的家庭中，安全保障並不是每個人都具有的概念，所以重點在於，要讓這些家庭有機會意識到這樣的概念，再去進行會談，因為這些會談其實也需要建立類似兒童保護調查工作那樣的合作關係。責任的概念也是如此。這些家庭多半不太有責任的概念，尤其是那些虐兒的父母更是如此。這裡要建立的概念是：對虐待或忽視的行為負起責任，對保障兒童安全與安心負起責任，對採取能夠療癒個案兒童的動作負起責任。責任概念的進一步發展，對於父母能否參與會談，討論安全議題，並提出兒童保護工作有效的進行方法，可說是相當關鍵的因素。因為注重這些概念的發展，我們才會注意到父母在參與促進合作關係的會談時，要先做好適當準備的重要性。

要促進兒童保護工作中的合作關係，要更有效去處理幾十年來兒童保護調查工作產生的後悔情形，我們還有許多方面需要努力。我相

信多多研究因應的方法，可以顯著地減少未來
發生後悔狀況的可能性。

丹柏洛夫：兒童保護調查工作中，還有哪些領域需要更良
　　　　好的合作關係才能執行呢？

懷　　特：有很多。我剛剛說明了責任概念發展的重要
　　　　性。然而現在的狀況，在大部分地方，與兒童
　　　　保護相關的法律程序對責任概念的發展並不友
　　　　善。事實上，法院通常不鼓勵發展這樣的概
　　　　念。在法庭上，願意擔負起虐待或忽視行為責
　　　　任的人會受到懲罰，通常是要坐牢。而拒絕承
　　　　擔責任的人在法律之前反而不用承受什麼。因
　　　　此，兒童保護調查在這個方面需要經過重新思
　　　　考，我相信在法院和兒童保護機構之間，如果
　　　　能建立起更真誠的合作關係，這樣的困境應該
　　　　可以有效解決。

　　　　　在兒童保護調查工作中，還有一個領域需
　　　　要更良好的合作關係，就是個案兒童的諮商與
　　　　生活。通常諮商會排定議程，確認兒童遭受了
　　　　哪些所謂的虐待和／或忽視，了解虐待和／或
　　　　忽視造成影響，有時候，如果能對治療有所幫
　　　　助的話，也會讓這些兒童自己述說遭受虐待和

／或忽視的經驗。在我的經驗中，幾乎不會把重點放在調查這些兒童對所謂的虐待和／或忽視產生的實際反應。

丹柏洛夫：就你所知，為什麼長期的兒童諮商會這麼罕見呢？

懷　　特：童年這個階段，基本上大家有許多所謂什麼是正常的兒童的思維，其中有些會對兒童保護調查與長期兒童諮商的進行，造成阻礙。用來評估青少年生活的童年定義規範，許多都是以發展理論為基礎，當兒童的角色違反了社會認可的家庭親子關係，以及與一般日常認為的親子／手足關係特性相衝突時，特別容易帶入引用。通常的情況，是在發現青少年在某些角色層面上，擔負了一般是由父母執行的責任與職權時，就會做出這樣的評估。評估常常會用病理診斷的方式表達：「個案是一名親職化的兒童。」或用負面而通俗的結論像是：「這個孩子被剝奪了童年。」這種評估多半會預測出悲慘的後果：「這個孩子最後會演變成發展受阻的狀況。」

　　我遇過很多被認為是「親職化」的孩子，

而且很明顯地就是對養育、照顧和監督他人非常拿手。我們很輕易就能發現到他們擁有這樣的技能，並且為之佩服，也希望他們能為自己發展出這樣的技能感到驕傲。同時我們也可以支持這些孩子，讓他們表達出自己擁有的技能，並在他們需要休息時提供喘息的空間。我也遇過很多大人，在小時候扮演著家中父母的角色，也因此被判斷具有發展受阻的情形。這些大人會哀嘆自己童年時扮演的角色，但他們也知道，因為自己在童年時建立起照顧他人的能力，所以自己現在的生活擁有了更多的可能性。他們之中只有極少數人，在童年時就了解自己擁有的能力，或是有人能支持他們所扮演的父母角色。我們可以想想看，如果這些孩子在童年時因為這樣的能力受到稱讚，那會產生多大的不同！

丹柏洛夫：這對兒童保護有什麼影響呢？

懷　　特：如果兒童保護工作的主要基礎來自理論，譬如發展理論變成衡量兒童生活的定義規範，那麼就很難對青少年進行長期的諮商，對父母與兄弟姊妹也是。但長期諮商可以讓我們了解青少

年對於他們遭受的虐待和／或忽視產生的實際反應。我不希望有人誤解，因為並不是說發展理論不適用，或說兒童的心智、意識是大人的縮小版。我要再重複一次：將發展理論及由此而來的定義規範，當成評估青少年遭受虐待與忽視之後反應的主要基礎，對於這些青少年、其父母與兄弟姊妹的長期諮商，與青少年遭受虐待與忽視後反應的處理相當不利。

丹柏洛夫：我聽你提過優生學對兒童保護工作的持續影響。可以在這裡說明一下嗎？

懷　　特：是的，我覺得兩者相關。不只發展理論的定義規範不利於青少年的長期諮商。現代優生領域提出的定義規範也是如此。

　　　　　像這樣的結論就帶有優生學的意味：「這個孩子如果生在更正常一點的家庭就不會這樣。」如果雙親有一方或雙方失能，就常會用優生學領域的定義規範來評估孩子的生活。當然狀況也不僅限於此。優生學是過去在十九世紀末英國開始的一項運動。這項偽科學運動，是受到想用生育控制來排除不想要的基因的團體支持。優生學運動在二十世紀中期發展達到

頂峰，之後下滑，二十世紀後半的幾十年間飽
受懷疑。然而，我相信這個運動殘留的概念以
及對生命的想法，仍然保有相當的影響力，才
能化成評估兒童保護調查工作個案兒童有哪些
需求的基準。

丹柏洛夫：這對諮商師又有怎樣的影響？

懷　　特：我認為讓大家知道青少年長期諮商的困境是很
重要的。其中包括套用發展理論和優生學概念
所形成的定義規範，與對青少年生活進行評估
之間的矛盾。這並不是長期諮商面臨的唯一困
境，但就我看來可算是排名相當前面的原因。
讓大家知道這樣的困境，就能夠發展出新的提
問方式，讓遭受虐待和忽視的青少年說出他們
的經驗。其中一些提問方式能夠讓青少年詳細
描述他們對虐待和忽視經驗的反應。

丹柏洛夫：為什麼讓孩子說出他們對虐待和忽視經驗的反
應是這麼重要？

懷　　特：雖然孩子一定會對他們遭受的創傷有所反應，
但我發現他們其實對此非常陌生。事實上，這

些前來諮詢人生創傷影響的個案，在會談之初完全無法想起自己對遭受的創傷有怎樣的反應。於是這些孩子便可能成為創傷的被動接受者，這對於他們個人主導權的發展有極為不利的影響，無法形塑自身的存在，也無法感受世界對自身存在的反應。更不用說這會造成個案的嚴重失能！心中感到虛弱無力、情感麻痺、缺乏價值與孤寂憂傷。常常因為專業情境中提問特性的限制，最後在生活中造成一種「習得無助感」。

丹柏洛夫：還有別的方法嗎？在進行嚴重受創兒童的諮商時，我們要如何讓自己理解他們的創傷記憶？

懷　　特：我的想法是，創傷記憶一定有所殘缺，因為個案對過往創傷的反應通常不會呈現在記憶中。記憶受到抹滅，也許是這些反應被扭曲或消除，或因為這些反應沒有受到認知與肯定或稱讚，以致於無法與個案相連結，並因為這些反應而受到尊崇。所以我會強調透過讓個案去發展遭受創傷反應的豐富描述，將創傷回憶回復至完整的狀態。這些細節包含了對於反應的基礎有著寬廣而確實的認知，也就是從這些反應

中分析出個案的人生意圖以及珍視的事物，全面而穩健地去理解。

丹柏洛夫：這種提問可以應用在兒童保護工作上嗎？

懷　　特：在與兒童保護調查個案的青少年、父母與兄弟姊妹進行諮商時，我認為運用這些重要的提問來了解這些青少年對遭受虐待和／或忽視的反應，是非常重要的一環。這樣的諮商可以補足青少年創傷經驗缺失的部分，將記憶的內容發展完全，讓他們在個人主導權被削弱的情況下不會感到那麼無助。這樣的諮商能夠給予他們一個立足點，讓他們發展出能夠掌握自己人生、形塑自己存在的意識，也能夠撫平虛弱無力、情感麻痺、缺乏價值與孤寂憂傷的感覺。再來，知道兒童對遭受虐待或忽視的反應進一步的細節，有可能會對兒童保護工作的決定產生重要影響。這些反應在受到支持與更多的鼓勵後，便能形成一個讓青少年產生安全感的基礎。

丹柏洛夫：可以再舉例說明遭受虐待和／或忽略的兒童所發展出的知識和技能嗎？

懷　　特：許多兒童對於虐待和／或忽略的反應，可以從他們擁有的知識與技能看出來。這些知識與技能可以分成許多種類。其中一種是與創造出安全情境相關的知識技能。還有像是與照顧他人相關的知識技能等等。

丹柏洛夫：如果我們創造一個能夠突顯出這些知識技能的情境，接下來會怎樣呢？

懷　　特：如果能夠突顯出這些知識技能，以及兒童在生活中經常會運用到的其他知識與技能，便有辦法追溯這些知識技能的發展歷程。很多時候兒童會習得這些知識技能，是因為父母的能力低下所造成。雖然父母的行為可能會造成安全上的疑慮，同時有礙兒童保護工作的執行，但兒童通常並不會將這些產生疑慮的行為和對父母的印象連結在一起。

　　孩子人生智慧與生活技能的發展，如果是來自父母行為與適任性的疑慮，那麼去仔細探究父母對這些知識技能的影響，便能夠提供父母發展養育子女能力的機會。治療對話可以運用這種對父母的正面肯定，將焦點放在忽視或虐待以外，並能擴展子女生活的教養行為上，

讓父母發展或重新發展這樣的能力。

　　當然，這麼說的同時，我也明白還是有些兒童會將虐待和忽視行為與對父母的印象連結起來。

丹柏洛夫：如果說正面肯定父母對兒童知識技能的發展的影響，可以改變父母的教養行為，那麼我就知道這要如何運用在兒童保護領域了。我可以再問一個問題嗎？關於兒童對虐待與忽視產生的反應所進行的長期諮商……這是只適用於較大的兒童和青少年嗎？

懷　　特：我想長期諮商中會有各種不同的方式，可以分別運用在較大的兒童或四、五歲那種較小的兒童身上。較小兒童的諮商有很多方法可以使用，例如透過「填充玩偶夥伴」（註1）的幫忙。我會說我發現在較小兒童的諮商過程中，哥哥姊姊可以幫上大忙。事實上，我認為兒童長期諮商有好幾種方法可以適用於兒童保護調查的各式情境中，這些諮商方法對於之後的兒童保護工作也會產生重要作用。甚至青少年如果身處險境的話，那麼就必須馬上採取決斷，讓他們脫離虐待和忽視的情境。

丹柏洛夫：好了，麥克。我們已經談了相當多了。我相當
　　　　享受這次對談，並期待著下次！

註釋

1.「填充玩偶夥伴」指的是填充玩偶的使用。

第八章

論倫理道德與表面的靈性

麥克‧霍特（Michael Hoyt）與金恩‧康姆斯
（Gene Combs）對麥克‧懷特的訪談

霍　特：您在今天下午的精彩演講，讓我非常感動。我覺得這是一種實際的愛。「愛的實踐」這個詞彙就這樣出現在我的腦海。

懷　特：我了解你的想法，而且相信我們需要用自己的方法和詮釋，去恢復像是愛、熱情、憐憫、崇敬、尊重、承諾等詞彙的意義。愛與熱情並不足夠，這些詞彙是特定大眾論述的象徵，和運用另一種規則組成的理性推論領域相關。理性領域定義了正統的知識、知識的話語權、知識表達的方式（包含表達的語氣態度）、知識表達的語境等等。這些理性推論領域也是由不同的知識傳達或表現方法所組成，包括各種不同的自我呈現技巧，以及各種不同對應人際關係的實踐。因此，我想說的是，像愛與熱情這樣的表達詞彙是論述的象徵，提供了不同生活模式，以及特定存在與思考方式的切入點，對於治療互動的形塑、諮商來訪者的生活，以及諮商師自己的生活，都會產生不同的實際影響。

　　「治療規範」的興起，和科學論述與現代人際關係的發達進步相關。因此像是愛與熱情等概念，在我們所謂的治療範疇中並不佔有很重要的地位。因為我們對於這些詞彙的定義與描述頗為

7
0

陌生，它們所象徵的大眾論述沒有完全進入我們的工作領域。這些論述對於近代主流治療工作的形塑並沒有太過重要的影響。

霍　特：看著你的諮商工作，我會想到在印度人們會雙手合十說：「Namaste」，也就是「向你內在的神性致敬」，意思是「不管故事表面如何，我都可以看到神聖或是特別的事物」。如果你是基督徒，那就要說「基督與你同在」，不過我不算特別虔誠的基督徒。看著你的諮商工作，我在側錄帶和與聽眾的討論中，反覆看到你總是能聽出正面的訊息。我想問你的是，你怎麼做到的？聽眾當然很願意聽講討論，但有時候來訪者並不讓人愉快，很不容易相處，可能做了很多糟糕的事、傷害別人、霸凌別人，但你還是能用尊重的態度對待他們，耐心幫助他們脫離文化的制約。這是怎麼做到的？我或是其他人也有辦法做得更好一點嗎？有沒有什麼重點或提示讓我們也能盡量用這樣的眼光來看待別人？

懷　特：這些問題很重要。你問了兩個問題。第一個是關於靈性，對吧？

霍　特：是啊。不過我的重點並不是真的要變得「有靈性」或「有神性」。而是在看到他人的時候，能從他們說出的故事中看出更多東西，能夠看到悲慘故事底下的正面積極，看到內在的善。

懷　特：我還滿想聊聊靈性這個概念。世界各地文化的歷史中，對於靈性有許多不同的定義。我不打算一一述說，因為沒有機會深入研究，而且我也不覺得自己有辦法正確解讀自己文化的近代歷史中對於靈性的主要定義，或甚至是我的經驗中接觸過的靈性概念。但我注意到在西方文化中的所謂的靈性範圍，是被劃分成內在型態（immanent forms）、上升型態（ascendant forms）和內在／上升型態（immanent/ascendant forms）。

　　靈性的**上升型態**是達到比日常生活更高一階的層面。人類這時成功地提升到蒙受神恩的高度，不管是哪個宗教的神。在這樣的層面便能夠理解神的話語和個人生命產生近乎直接連結的狀態。此時神的話語幾乎不須任何轉譯就能表達出來。

　　靈性的**內在型態**不是達到比日常生活更高階的層面，而是進入日常生活表面底部深處的洞穴。要達到這樣的靈性狀態，就要「真誠而完全

地成為自己原本的樣子」，「與自己真正的本質相連結」，相信自己內在的神。許多大眾心理學的前提就是立基在靈性內在型態的概念上，透過與自己「本質」的連結去崇敬自我。

然後是靈性的**內在／上升型態**，要達到這樣的靈性狀態，就要與自己內心深處的神或靈連結，而這樣的連結運作是透過與上升的神性之間的關係而產生。

這些型態和其他新奇的現代靈性概念，都屬於非物質層次。這些概念描述的靈性偏向無形的狀態，不屬於物質世界，是在日常生活表面的上方或下方層面運作。雖然我發現許多現代對於靈性的內在／上升概念描述非常美好，靈魂（soul）的定義也比精神（psyche）的定義要來得更有美感，而且雖然我一直對探索與靈性概念相關的生活目的，或者說倫理，很有興趣，但我更想了解的是所謂靈性的物質版本。也許我們可以稱之為**表面的靈性**。

表面的靈性和物質的存在相關。這樣的靈性可以從人們自我認同的形塑，以及人們對自我形成進行了解的步驟中看出來。這種靈性的型態涉及個人的倫理道德，也涉及個人讓自身生活進入的存在與思考模式，反映出在生活方式中獲得成

功所付出的努力。這是一種轉化的靈性，因此常常會需要變成別人，而不是接受原本的自我。這種靈性型態與非物質層次無關，但是與具體層次相關。我相信這種靈性就是傅柯在他的著作中提到的自我倫理（1988a，1988b）。

因此，回到你的問題。我口中的靈性並不是神或靈。而且我也不是在讚揚人性——如果真的存在的話，不管那是什麼。我所謂靈性的概念，是讓我能看到並且欣賞人們生命中可見的事物，而非看不見的東西。這種靈性概念讓我們能欣賞人們生命中的點點滴滴，可能是或可能提供根據某種倫理建立自我認知過程的基礎。我所說的靈性概念，可以幫助我們注意到能夠打破許多生活既定方式的具體選項，注意到人們生活中提供建立自我認同、而非原本既有的基礎。從這方面來看，這種與具體選項相關的靈性，會讓人更意識到自己的覺知。我希望我對你問題的回答不會太模糊，不過這就是我對靈性的一些看法。

霍　特：沒有，你的回答並不模糊。我已經抓到要點了。這和了解自我的形成相關。

懷　特：是的。對我來說，靈性的概念就應如此。這是

一種對活出自己選擇的探索，而不是照著既有模式去生存。所以需要在理所當然的狀態中找出問題，質疑不證自明的事物。有時候這會需要否定某些獨立自主的形式，知曉如何越過世上生存「必要」方法的限制，探索各種不同的存在方式，以及和生存之道相關的思考與生活特殊習慣。從各方面來說，就是要抓住不確定性，並重新塑造我們自己。同時也是要將所有相關道德倫理問題的掙扎進行優先排序。

康姆斯：我比較想知道的事是，人們該如何決定哪些可能性應該優先。同時我認為這是不管治療師有沒有意願，都有能力去做的事。要成為與原本不同的自己，其實有無限種方向可以發展。

懷　特：我同意，沒錯。

康姆斯：你可以說說自己的經驗嗎？遵循的依歸是什麼？哪些方向是你優先考慮的呢？

懷　特：就諮商本身來說，是透過與來訪者討論各種不同存在方式的特性來達成。在持續進行的諮商過程中，主要是與來訪者一同探索他們人際關係與

生活型態中特定存在方式的真實影響。我不認為最終目標是要在這個世界達到特定的「另一種」存在方式，去「修正」來訪者的人生。諮商治療是要讓來訪者在與他人相處時，不斷去調整他們可能呈現的形象，以及他們可能的生活方式，並且讓人們不斷去質疑我們文化中許多已經視為理所當然的身分概念。事實上，諮商治療讓人們能夠選擇去除生活中許多這類的概念。在這個過程中，人們也擁有各種選擇，去探索是否可能脫離現代的自我評價方式，不要讓自己的生活持續受到成長與發展、健康與常態、依賴與獨立等等概念的桎梏。這樣的選擇也讓人們能夠拒絕參與自我約束的現在行動的影響，不需要在正常分布的天空下生活。

霍　特：所以我們是在告訴大家：「你知道，你可以不用這樣。你要繼續走自己的路也行，但還有別種選擇。願不願意考慮一下。」是不是……？

懷　特：是的。我想是的，大致上來說是這樣。我覺得這其實是和來訪者一起去探索和演繹各種可行的生活方式。這是讓人們擁有選擇的機會，而這些選擇是以他們對於自身生活經歷與人生另一種認知

的表達為基礎。

霍　特：我們在說邀請、懷疑、外化或任何其他解構的詞彙時（註1），對我來說其實還是在強調某種選項或建議。「你也許可以考慮一下」大致是這樣。而這就產生了權力差異的問題。我們是不是因此在暗中引導了來訪者該選擇怎樣的方式呢？

懷　特：當然我們具有影響力，而且當然會有權力差異的問題。一般常說，就是因為有這種全面壓制的現象，不同的治療諮商門派才會感覺沒有差異。因為有這樣的影響與力量，一種治療諮商方式與另一種治療諮商方式才會無法分辨。而且所有的治療諮商工作，在實際造成的影響上，其實都有一定類似的效果。但在治療情境中造成的影響形式與程度，模糊到無法呈現重要的差異，其實不是一件好事。事實上，我認為這種差異的模糊其實是一種非常保守的狀態，以治療之名行逾越掌控之實，並讓治療師成為保持現狀不可質疑的確切共犯。

　　也有人說，因為我們處於自己的文化論述之中，思考與行動都無法超脫這樣的範圍，所以我們在治療過程中複製自我權力或主體經驗之間的

關係，這可能就是我們想幫助來訪者去挑戰的原因。這真是對文化與生命極度簡化、統合、普遍與單一的描述，我們很容易會去贊同這樣的說法。但這種論述真正的影響是什麼呢？這種論述是如何掩蓋、破壞應該去爭論、拼鬥的事情呢？這種論述是用什麼方法將另一種生存方式的智慧與主體性變得更加邊緣化呢？

就諮商工作來說，下面這兩種情況其實有很大的差別：一種是採取介入的動作，這些動作立基於對於問題外在形式的分析，或建議個案應該要努力讓自己「獨立」、「成長」等等。另一種則是鼓勵個案在生活中進行一些更為正面的活動，像是與他們認為和自己毫無價值又棘手的生活情節完全相反的事情，並讓他們去思考這些活動是不是能帶來更適合、更容易獲得的另一種生活方式，和他人一同探索可能與另一種情節相關的人生智慧與方法，去理解可能與這些智慧和方法相關的另一種自我經驗，鼓勵他們對與此相關的各種行動方案進行全面評估。這兩種反應的類型之間有一個非常重要的差別。

雖然有這樣的差別，我們也不能假裝自己對整個過程沒有任何作用。我們不能假裝自己對治療的互動沒有產生影響。治療師的立場無法

中立。透過與來訪者討論他們認為自己生命中的創傷與限制，我可以接受這個事實。我可以對來訪者有所回應，不管他們述說的是受到打壓、歧視、邊緣、利用、虐待、掌控、折磨或殘酷的行為等等。我可以和他們一起行動，挑戰支撐這一切的權力關係與權力結構。而且，因為無法中立，我就無可避免地要「代表」某個立場，我必須去懷疑我所代表的立場，也就是我的生活方式和思考方式。在很多狀況下我可以做到這點。舉例來說，在考慮究竟我代表的立場究竟適不適合別人的生活時，我可以懷疑自己的立場。如果我代表的立場可能會複製有礙我與他人之間關係的事物時，我可以懷疑自己的立場。只要我發現我的立場在性別、階級、種族、文化、性傾向等領域佔有特定的位置，我就可以懷疑自己的立場。以此類推。

我可以負責建立這類表露出懷疑的結構。同時，我也可以設計治療使用的優先提問，透過提出各種與我喜愛的生活方式相關的問題，對這樣的懷疑進行反思。我會將解構自己對人生的概念當成自己的職責，將之置於優先順序的結構中，以便採取所謂拆解的行動。

霍　特：我來唸一段引言，你聽聽看：

> 治療情境中存在著權力差異的現象，不論我們如何承諾會平等的進行工作，這主現象都無法抹滅。雖然可以採取許多措施讓治療時的互動更為平等，但只要我們相信自己能夠與那些來尋求協助的來訪者，用完全不涉及任何權力關係的方式互動，那麼我們其實是踩在一個很危險的基礎上。（懷特，1994，76頁）

　　除了自我反思與要求來訪者反思，還有什麼方法能讓我們對自己造成的影響保持倫理上的警覺性呢？

懷　特：我認為是透過正式去面對這個事實，承認就是有權力失衡的現象。所謂的正式面對，不是說這種現象值得高興，也不是說承認這個事實就代表為了治療師行使權力而辯護。所謂的正式面對，更不是說在權力與壓制的運行基礎上，不同的治療互動情境下，不會發生這樣的差異。我主張的是，正式面對能夠讓我們擁有機會，採取行動來揭露並撫平這種失衡的有毒影響。我主張的是，

正式面對能夠鼓勵我們探索各種可能，讓我們去挑戰治療互動的過程，拆解支持這種權力關係的結構。

　　舉例來說，我們可以建立我在別的地方討論過的「由下往上」責任結構（懷特，1994）。我們可以告訴來訪者，權力失衡的危險性與其可能的限制，然後可以讓他們依循這樣的背景知識，來詮釋、理解我們所採取的諮商策略。但是，我也要說，如果以為這樣就能夠建立一個不受權力關係影響的治療情境，會是很危險的想法。危險的理由很多。譬如我們可能會逃避責任，不去監控自己與尋求協助的來訪者互動的實質影響。譬如我們可能會否認自己應該擔負來訪者諮商時的道德與倫理責任，而來訪者對我們並不需要負起這樣的責任。譬如我們可能會逃避而不去堅持繼續探索可能的選項，進一步拆解組成權力失衡的結構與關係諮商。

霍　特：所以就是必須靠責任結構來達成嗎？

懷　特：嗯，這是責任的一部分。盡我們所能去揭露某些權力失衡的可能限制與危險，建立一個鼓勵大家去監控這種現象的結構。這樣我們就能更直接地

面對從事諮商治療時的道德與倫理責任。我要再次強調，如果想去模糊這種權力失衡現象，對我們自己來說非常危險。這只會讓我們有可能會忽視對於來訪者應盡的道德與倫理責任。

霍　特：會談一開始，我們被問到最後怎麼曉得自己「知道了」。我在會談的過程中越來越覺得治療其實是透過對話來賦予權力。我想請你想一下，你會怎麼去定義現在的諮商治療？或者會用哪個詞來替代？

懷　特：我想先回答你的第一個問題。會去想說如果一切順利，我們就能夠猜測諮商過程會在哪裡結束，我覺得這個想法有點悲慘。我認為這是一個受到當代文化主流倫理掌控而產生的概念，雖然我也知道許多人對此有許多不同的看法與爭論。我相信如果我們事前就知道會談的結果是什麼，那麼大概也就不值得進行這樣的會談了。就是因為不知道最後結果會怎樣，事前不會知道自己最後怎麼想，也不知道最後會產生什麼新的可能性，可以在這個世界上採取怎樣的行動，所以我們才會感到愉快或喜悅。對我來說，猜測在一切順利的情況下，過程最後會產生怎樣的結果，其實是去

模糊和關閉其他可能的選項。為什麼要去模糊其他可能的選項呢？

霍　特：所以是會失去驚喜與發現，對嗎？

懷　特：如果我計畫要參加會談，然後事先知道自己最後會怎麼想，那我可能就不會去了（大笑）。就像現在這樣。如果我知道最後結果會怎樣，我不覺得自己會想進行這場諮商。依照敘事隱喻組成的迴響團隊運作也是如此（註2）。如果迴響團隊的成員正式開始之前先聚在一起準備好想要講什麼，如果他們的迴響事實上是一種事前就擬好的稿子，那麼團隊成員就會知道過程結束後會得到怎樣的結論，也很可能所有人都開始感到無聊，甚至昏昏欲睡。我曾經看過這樣的狀況。在訪問一些治療師，談到用這種方式進行諮商的經驗時，我發現他們的工作生活與人際關係常常會處在一種相當不理想的狀態。

　　然而，如果團隊成員並沒有事先準備，不知道等過程結束時他們會產生怎樣的想法，說出怎樣的內容，而且如果團隊的組成有利於這樣的互動，那麼他們的合作就比較可能對成員自身的生活與人際關係產生好的影響。

霍　特：禪宗會說要保持「初學者的心智」（鈴木，1970）。也就是嶄新的眼光，不要事先去預想。

懷　特：這就是我對你的第一個問題的回答。我認為如果能夠建立一些基礎，發展出我們事前沒有想過的其他可能性，朝著這個方向努力的話，應該就能得到比較好的會談結果。你的第二個問題是關於我對治療的定義。我想我會分幾天來討論一下幾種不同的定義。

霍　特：今天幾號？

康姆斯：十六。

霍　特：那麼現在這個時間點會想怎麼說。

懷　特：就是現在，只有今天，我認為應該要和大家討論與自身特別相關而且感到壓迫的議題。要使出渾身解數幫助大家在追尋的過程中進行挑戰，或是斷開任何他們覺得壓迫的事情。我們的工作就是要幫助大家認知到，自己在這樣的追尋中受到多少承認。另外，也要和大家一起探索在敘述自身所處的困境中，擁有的知識技能會怎樣展現。

在這個過程中，人們體驗到獲得承認的感覺，但這並不是起點。這樣的經驗是同時具有「恢復」（resurrection）和「產生」（generation）特性的過程帶來的結果。身為治療師，我們在設定這樣的情境中扮演了重要的角色，我們透過在來訪者生活支線故事的提升，以及復原某些與支線故事曾經發揮作用相關的生活知識，幫助他們獲得某些另類的生活知識。我們也透過探索與這些支線故事相關的生存與思考方式，幫助來訪者產生生活的知識。我在幾篇文章中花了好些篇幅，分享我對這種過程的看法，所以在此並不贅述。也許在這裡只要說，生活的支線故事提供了探索另一種生活知識的路徑，就已足夠。

協助去辨認另一種生活知識呈現出採取行動的可能性，是我們諮商師的責任。另外我們也要負責去鼓勵來訪者去評估其他存在與思考方法的需求性，透過調查這些方法主張的行動具有哪些特性，或是探索運用這些另類知識來生活運作的人生具有哪些特性。

我不知道這是不是完整或適切地回答了你的問題。如果這個答案不夠好，我今天也只能回答這樣。也許我們明天可以再對談一次，也許我到

時能夠給你一個不同的答案。我希望可以這樣。

康姆斯：我想我只是要確認自己有跟上你說的話。所以，身為治療師，你很好奇，希望能聆聽所謂的較弱的情節、情節副線、相對的情節等等，而且想要研究探索來訪者的支線故事，想知道哪些部分對於他們來說是有趣或有用的？

懷　特：我想是的。我會明確地詢問與來訪者生活中支線故事相關的事情。如果治療師在這些支線故事中佔有優勢的地位，也就是說治療師擁有主導位置，那麼就會發生干預的現象，也無法達到合作的狀態。要避免干預、建立合作，在開始諮商之前，我們要知道來訪者對於那些可能提供門徑去辨別與探索支線故事的發展有怎樣的看法。他們覺得這些發展是正面或是負面，還是正負面兼具，又或是不正面也不負面。我們還必須讓來訪者去為他們生活的支線故事命名。此外還有一個重點是，對於來訪者為何會這樣評斷這些發展與生活的支線故事，我們也要有些許的了解。這些發展是如何與來訪者偏好的目標、價值等敘述產生一致性？

　　但這不是故事的全貌。問題絕對不是在決定

來訪者認為哪種發展比較有趣或有用。這絕對不是認知的問題。諮商時所聽到的這些生活支線故事，是來訪者的親身經歷。在諮商過程中，來訪者活出了這些支線故事。或者你也可以說，來訪者的生活被這些支線故事所環繞。支線故事不是生活的故事，不屬於生活領域的地圖，也不是經歷生活之後的反思。這些支線故事是生活的結構，事實上會讓生活變得更有組織。

還有一點是關於運作。治療工作的語言還有很多沒說到的部分，像是如何喚起來訪者生活中的影像。我們對來訪者生活發展所提出的許多問題，都能強力喚起來訪者可能成為的其他形象，以及來訪者其他版本的身分認同。這些影像可以追溯到之前來訪者活過的經驗、排序較前的某些記憶，鼓勵去詮釋許多之前經驗中被忽視的面向。因此我們提出問題時使用的工作語言能夠喚起的影像，會讓來訪者再重新經驗一次，這對於其他版本的故事線產生了很重要的作用。

康姆斯：所以你說的專業知識……

霍　特：嗯，我想麥克上次的演講已經將之間的差別解釋得很清楚。專業知識，指的是「我是這裡的專

家」。專業技能，我認為，指的是知道怎麼問問題，讓來訪者體驗個人的專業與知識內容。我想這和主流的看法很不相同。

康姆斯：所以你說的知識，指的是以經驗的方法去喚起其他影像的知識。

懷　特：是的，我常常因為這一點被誤解。我從來沒有否認治療師擁有的豐富知識，也從來沒有否認他們技巧運用的熟練度。不過，我的確對治療師比前來進行諮商的個案懂得多這一點有所質疑。同時我也批評過「專業知識」。我批評過專業知識做出的主張，其中包含可能會將人生故事普遍化、單一化強加在個案身上，以及分析正式系統的發展這些部分。我還批評過這些專業知識內化了的權力關係，包括對於議題進行標準化評斷，以及主宰大眾生活的重要影響。這些批評都是因為我支持格爾茨（Clifford Greetz，1983）所謂的「解釋的轉向」（interpretive turn）。

霍　特：我認為追尋「閃亮的時刻」（sparkling moments）、「特殊意義經驗」、「例外的狀況」（exceptions），都是因為想要幫助來

訪者建立起一個能夠支持更好未來的過去，在他們的內在創造某種結構，「變得厚實」（thickening），我想你用過這個詞，像是加上血肉或是填補飽滿。我這樣說對嗎？

懷　特：我對於來訪者「摘取一段支線故事」的狀態其實比較有興趣，而不是訂定一個目標，決定要經過哪些必要步驟去達到那個目標。在揭開最近生活中自己偏好的發展時，就已經對接下來要怎麼做有一些大概的看法了。接下來的步驟會透過越來越具有明顯偏好的故事線展露出來。

霍　特：所以是一邊進行一邊拼湊嗎？

懷　特：是的，在一定程度上是這樣沒錯。我說「在一定程度上」，是因為雖然有些特定情況，我們可能會發現我們的假設與「已知」完全無關，但其實還是很難跳脫自己已知的狀況來思考，更擴大一點來說，幾乎是不可能跳脫知識系統來思考。

就對生活已知的資訊來說，我們似乎在一定程度上依賴著去發展一種敘述，能將我們最近的步驟和一些類別的步驟相連結，依照某些主題或情節呈現的時間進行來發展它的順序。即使是踏

入不熟悉的身分認同領域，一致性似乎就是引領著我們的原則。就是因為這樣，文化和其中包含的、在這個世界上存在與思考的方式與知識，也具有同樣作用。

霍　特：雖然大部分時候，一般會認為演化的概念是一種持續的過程，但我想我們現在已經來到演化概念其實並不持續的階段，是一種不連續、會中斷暫停的演化過程（註3）。金融專家古爾德（Stephen Jay Gould，1980）和阿爾瓦來茲（William Alvarez）講過這個比喻，當事物處於穩定狀態，如果有特別的外來事物出現，例如隕石撞擊地球，掀起塵暴殺死了草食性恐龍，然後滅絕了肉食性恐龍，於是打開了哺乳類動物的利基市場。突然的變動或斷裂都有可能發生。這讓我想到《故事・知識・權力》這本書的第六頁（懷特與艾普斯頓，1990），你用一個表格來討論「之前與之後」、「過渡與中間」，以及「通過儀式」的完整概念。（註4）有時候我們會看到來訪者在一條道路上困得太久了，該怎麼讓他們跳脫？所以就需要這些隱蔽的道路，我借用你的詞彙，來提醒他們還有其他的方式。

懷　特：是的，會有突然的變動以及明顯的不連續。在這
　　　　種斷裂的時候我們會感到很失落。也許可以把這
　　　　種經驗想成是過渡或是中間轉換的階段，對於這
　　　　種困惑與失去方向就比較能夠理解。切斷的點和
　　　　重合的點之間總是會有一段距離。不過問題還是
　　　　存在：是否有可能在跳脫的同時，又不會踏入另
　　　　一種不連續的存在與思考方式呢？是否有可能跳
　　　　脫熟悉的生活與思考模式，進入一種文化真空的
　　　　狀態，不受智識的情境所操控呢？從歷史的角度
　　　　反思，其實激烈的斷裂實在不多，不過可能性的
　　　　空白邊緣總是存在。

霍　特：我知道你在說什麼。我們在獲得的同時一定也會
　　　　失去。

懷　特：是的，我們進入了超越自身的一種生活與思考
　　　　模式中。不過我相信我們也會對這種生活與思考
　　　　模式的「漂移」有所助益——透過以這樣的模式
　　　　生存，透過與各種相關的自我主觀或經驗溝通過
　　　　程，透過詮釋，透過不確定性的管理處置。
　　　　　　也許我們可以說，在連續之中也有不連續的
　　　　存在。這樣的想法把我們帶回了這些概念出現之
　　　　前的討論。我覺得轉換隱喻的概念，就是從沒有

生命的世界，沒有生命的生態，進入人類的世界，也就是實際、意義、成就的領域，其實有個問題。我不相信事情的發生會是這個樣子。舉例來說，在這個世界所達到的成就，可以從大家對經驗的全部範圍賦予怎樣的意義，以及他們採取的許多行動究竟可以依此預測出多少看出來。

霍　特：而不是機械化、動物化，或把我們帶到不屬於自己的地方。

懷　特：沒錯。而且我覺得無生命世界的任何隱喻，都不能用在人類的生活和組織上，或者是居住在文化和語言世界，透過意義的賦予將自己的生活組織起來的人們身上。不過我不知道這是不是和這次訪談的主題相關。

霍　特：現在有了。（笑聲）

懷　特：我可以回過頭討論之前的一個觀點嗎？金恩，我們在討論影像的時候，你問了我一個和治療工作本質相關的問題。可以再說一次問題是什麼嗎？

康姆斯：我在試著想像你是怎麼把自己的工作內容概念

化，將什麼帶入了治療情境。我也試著盡可能感
同身受，想知道你在進行治療工作時會是什麼樣
子。我想接下來我應該做什麼呢？我應該傾聽什
麼呢？

霍　　特：麥克在工作時腦子裡在想什麼呢？

康姆斯：是啊。

懷　　特：「我應該傾聽什麼呢？」是個好問題。我要說我
聽到的都是一些在治療工作上我偏好的隱喻，特
別是詩學的部分。我想要和你們分享作家馬盧夫
（David Maloud）對於詩學的解釋，因為這和我
認為的治療工作概念非常相合，而且他表達得比
我要好。

霍　　特：請說。

懷　　特：（從公事包中找出一份打字稿）這段文字是摘自
《偉大的世界》（*The Great World*）一書（馬盧
夫，1991）。這本書實際上是描述澳洲男性文
化中的男性經驗。其中馬盧夫討論到詩的表達：

詩的表達，不是永遠都使用最質樸的話
語，因為不可能永遠如此。但用字一定最為
精準，不然深刻的感受就可能無法記錄下
來：所有可以重複的獨特事件，日常存在的
小小儀式，心的活動，事物中熟悉但無法言
述的宏偉與恐懼所給予的邀請，這就是我們
另一面的歷史，用一種安靜的方式，在事情
的吵雜與碎唸底下，繼續往前走，是地球上
的日常生活中每天都會發生的主要部分，而
且是從最初的那一刻開始。要找到字句來描
述，讓通常不會被看見、也不會被述說的事
物發出獨特的光芒：一旦發生了，就會馬上
吸引住我們所有人，因為立刻從我們每個人
的中心表達出來，形塑出我們也曾經歷過、
但一直無法用言語表達的事，不過只要表達
出來了，我們馬上就會辨認出這也是自己的
經驗。

　　我對於其中提到的「日常存在的小小儀式」
非常有感覺。「儀式」這個字眼會讓人聯想到神
祕，也會聯想到人們生活中那些具有神聖重要的
小小事件──那些藏在人們生活故事主線陰影中
的小小事件；那些常常被忽略，但應該要抱持著

崇敬，有時候甚至是敬畏的小小事件。這些小小的儀式和維持生活一切運作的事件有著緊密關連，讓生活能夠持續。即使是在否認儀式重要性的狀態下，也還是會發揮作用。

　　人們生活中的小小儀式，可以用來解讀出存在的意義，以及我們為何存在的一種獨特性。我不相信有所謂的「只是存在」。存在是每個人都會做的事，而且很明顯地已經進行了非常、非常久的歲月。但在許多方面，最近幾十年來，存在對我們來說變得相當困難。為什麼會這樣？為什麼我們會變得很難去解讀並珍惜日常生活的小小儀式？也許是因為這些儀式屬於我們文化中倫理掌控的另一邊。也許是因為這些日常生活的小小儀式，和現在的文化所接受的人生目標不那麼契合，例如要去「掌控某個人的生活」。也許是因為這些儀式並不符合所謂「負責任行為」的當代定義。我相信透過詩學的隱喻，我們便有可能去挑戰存在被邊緣化的問題，同時讓馬盧夫所說的「日常存在的小小儀式」能夠獲得一些重視。

（註5）

康姆斯：你在解釋「日常存在的小小儀式」時，提到了用字，讓我想到了格根（Ken Gergen，1994）在

今天早上演講要結束時說的話。我不知道是不是與我們現在的討論有關。他說的是所謂的初始經驗，就是語言不太能表達，或是語言產生之前的經驗。這和你現在說的有任何關係嗎？譬如接下來可能是去坐在某個人身邊，然後用語言呈現出來，帶入我們的社會。

懷　特：我相信馬盧夫說的日常生活小事，類似於我們剛剛討論的「表面的靈性」概念。不過我不確定我說的和格根說的是否相關。也許相關，我想我要再多研究一下他的主張才能回答你的問題。

霍　特：這不但是「經驗的詩學」，也是「經驗的政治」。

懷　特：是的，兩者都是。

霍　特：我聽過詩人羅伯特・布萊（Robert Bly）朗讀一首優美而感性的長詩，現場觀眾有人站起來問道：「羅伯特，這首詩是什麼意思？」布萊回答：「如果我知道是什麼意思我就會寫散文，而不是詩了！」（笑聲）我認為格根想說明的，同樣是那個特別的時刻，那個儀式，我想有些人會

稱為生命之靈，如果發生了而不只是……我得去問他看看。

懷　特：聽他怎麼說應該會很有趣。

霍　特：有一次我問萊恩醫師（Ronnie Laing），他對移情（transference）有怎樣的看法。我說：「你對移情的定義是什麼？有怎樣的想法？」他說：「喔，就是後催眠暗示加上失憶。」（笑聲）後催眠暗示加上失憶，會讓我想到「迷惑」（mystification）（萊恩，1967）這整個概念，我們基本上都被設定或暗示該怎麼獲得事物，同時甚至不記得東西怎麼來的，所以陷入了類似閉鎖症候群的狀況。我只是想問，如果從一個非常不同的框架來看，這是不是一種討論解構的方法？解構會不會讓人從意識上去覺察到自己可能是，用現代的字眼來說，被設定的？

懷　特：沒錯。這就是我所想到實踐解構的方法。我想順帶一提的是，在講到移情現象時，萊恩說的話其實也和我們討論的解構有關。「後催眠暗示加上失憶」的概念，的確帶出了形成這個現象的互動政治歷程，讓我們會去認為「移情的機制」就是

權力的機制。當然更不用說，因為移情是一種心理學的現象，所以要討論移情的機制，不免要將之解構一番。

但移情的機制並不只是移情現象組成的歷史狀態。移情也可以當成現在權力關係的「痕跡」來解讀。人們在階級制度的狀態下，尤其身處下級或低階時，最能強烈地感受到所謂「移情」的作用。當然，理想上來說，雖然會發生在較不正式的情境中，不過當人們仰躺著露出要害，處於一種臣服狀態，而另外一個人坐得筆挺，被大家認為是人生成熟的典範，又不願意與臣服的那方分享自己是怎麼將這樣威信融入自己的生活經驗、意圖或目標，就更容易感受到移情作用。我在這裡舉出的移情狀態與技術只是部分而已。

也許更妥當的說法會是，移情的經驗是權力關係較為固定，而且接近掌控狀態的痕跡。因此一個正在進行又很強烈的移情經驗，能夠讓人們感覺到自己是處於之後會往掌控方向發展的固著權力關係中臣服的那一方。這樣對移情的解讀提供了可以採取拒絕這種權力關係行為的可能性。

我不希望在這一點上被人誤解。我不是說所謂移情的現象並不存在。我也了解有些人會為移情現象進行辯護，認為移情建立了個人主權議題

運作的情境等等。不過我的確認為這個現象與政治運作相關。在治療情境中，也會刻意或不是那麼刻意地複製這樣的政治運作來進行提問。我也希望能對這類的問題多加研究，運用在拆解會複製這種現象的治療結構上。

霍　特：你會怎麼說明自己抱持的治療工作倫理道德？

懷　特：要回答這個問題，我們必須討論一下倫理的一般定義。傅柯（1988a，1988b）觀察到，最近提到倫理，大部分人指的都是規則與規範，當然這些一定包括在內。但很不幸地，在現代社會，對於規則與規範的考量，幾乎蓋過甚至替換了個人倫理的考量。由政府主導執行的組織規則與規範，如果代替了個人倫理道德的概念，我們就會失去某些珍貴的東西。在專業的素養中，我們看到倫理道德會發揮到極限，而且這是為了確保適當的專業行為。

　　常常會有人提出注重規則與規範，以便預防來訪者受到剝削。但在這個現代社會，我不相信這種對規則或規範的強調，可以達到預想的目的。事實上，我們也可以說依賴這種和規則與規範連結、由上往下的責任系統，反而是讓不公與

剝削獲得了肥沃的土壤，得以永存。

其他時候人們提到倫理道德的話，他們其實是對自己的存在產生疑問，也就是傅柯所說的「真理意志」（will to truth），而在現代社會對於真理意志是極為推崇的。這種道德倫理的概念，非常希望能知道「我們是誰」的真實，所以會去重視任何屬於這種真實的表達，不管內容究竟是什麼。規則與規範的概念也是這種倫理道德的中心，只要是人類天性規則傳達出的資訊，就不管組成「我們是誰」真理的表達內容究竟是什麼，也不管這種天性是如何構成，或是這些規則如何訂定。

至於以需要的規則這個概念為中心的現代版本則是如下：「我們要如何對自己最深層的需求保持信心？」想到這類的行為能夠依照現代需求的論述去進行調整，就覺得一陣心寒。其實不難想像真理意志究竟能夠將個人的倫理道德邊緣化到怎樣的程度，或是將構成人類生活的論述內容扭曲到怎樣的程度。這樣的真理意志還是屬於法律的規則，只是在這裡會是「自然的法律」。

接下來還有另一種型態的倫理道德考量，在西方文化中也擁有悠久的歷史，是在人與人之間利益衝突變得明顯的時代開始興起。這種考量讓

人類能夠去分辨行為，究竟是出於自私，還是出於利他。根據這樣的判斷，如果產生疑問的行為被認為是利他，那麼就符合倫理道德。霍格蘭德（Sarah Hoagland，1988）發現，這種道德倫理的考量是女性會遵從的主要原則，在女性屈從的歷史中扮演了中心的角色。她在《女同倫理》（*Lesbian Ethics*）這本著作中強力解構了這種考量。

　　有些時候道德行為的評斷標準不是利他，而是「負責任的行為」，人們在生活中或對於自己的人生負起責任，就會被認為是符合道德。這裡提到的責任感，常常會是一種控制的倫理道德。根據這樣的倫理道德，負責任的行為反映出獨立自主，並且成功地在社會上達成某些相對較為短期的目標，然後這些行為還要被證明符合所謂善的普遍概念，或是一些像是「公平」或「權利」的原則。符合道德的行為必須在這些方面「合格」才行。這種屬於控制道德的負責任行為概念，沃爾奇（Sharon Welch）在她的著作《女性主義的風險道德》（*A Feminist Ethic of Risk*）（1990）中進行了解構。

霍　特：那麼你對我們在這裡討論的治療工作倫理道德，

有怎樣的看法？

懷　特：在不同的地方，包括這次的訪談，我都努力想要
描繪出我在進行治療工作時依循的個人倫理道德
架構。我已經談了自我的理解形成。我也談了所
謂的責任，也就是承諾，去分辨並描述我們對他
人生活造成的真實影響或結果。因為這不是我們
可以自行判斷的事情，不管是運用我們當下經驗
做出屬於自己的詮釋，或是遵循某些指導原則，
我都表達了責任感的必要性。這是一種特別的責
任感概念，由下往上，而非由上往下，同時還是
一種在夥伴關係中能夠獲得的責任感，不管是單
一搭檔或是團體合作。這種責任感事實上是我們
生活的成分之一，讓我們擁有許多可能性，成為
另一個自己。

我也談過透明度的原則。這個原則是基於一
種不斷解構的承諾，解構我們自己的行為，解構
我們在治療工作中視為理所當然的存在方式，解
構我們視為理所當然的生活思考方式。這個原則
要求我們提出意見、形成動機與採取行動的時
候，要考慮到族群文化、階級、性別、種族、性
傾向、目標、承諾等等情境。

我談過在這個世界上存在的方式，是要與他

【故事‧解構‧再建構：麥克‧懷特敘事治療精選集】

人一起工作，為他們和我們的生活建立所謂「可能性的基礎」。這不是自己一個人埋頭苦幹，想要在規定的時間內達成預期的目標。而是與人一起合作，花費必要的時間，按照步驟準備好讓新的可能性發生的基礎。

我談過，關於工作的倫理道德其他很多層面，包括我們可以培養一種崇敬的態度，去進行馬盧夫提到的日常存在的小小儀式，也可以承諾盡可能去挑戰我們文化中主流的治療方式與架構。

霍　特：所以這種倫理道德的運作方式，和傳統的目標導向其實有所區別。

懷　特：是的。剛好就是另一面。不過在此還是要釐清一些重要的區別。不是所有和目標導向相關的治療方式，都會有意或無意地複製我們文化中主流的那種控制的倫理道德。我懷疑會有人從這個角度去解讀德·沙澤爾（Steve de Shazer）和伯格（Insoo Kim Berg）的著作。（註6）我還想說這也不是希望回到長期治療的論述，其實剛好相反。控制的倫理道德架構了一個情境，在其中發生的事件其實並沒有那麼重要。而我說的這種倫

理道德架構的情境，則是讓原本大家不會注意到的事情，開始會被注意到了。因此便讓絕望獲得緩解，提供了一種可能性讓來訪者的生活能夠往前，並擁有大範圍的多種選擇去採取更進一步的行動。

霍　特：你為什麼會從事治療工作？開始的契機是什麼？

懷　特：這個問題有人問過。1967 年我開始接受社工的訓練，那時我們都必須回答這個問題。那時候是結構主義盛行的高峰。當時如果要回答這樣的問題，只有某些特定的動機才會讓人接受，陳述時必須使用心理學的術語。將有意識的目標與承諾這類概念當成動機，在當時並不流行，而且屬於邊緣思維。這種問題的答案，如果強調自己希望對他人的生活做出某種貢獻，或者願望是能夠傳達出世界上的不公平，那麼就會被認為太過天真。想要運用類似的表達，會被解讀成是否定、缺乏洞見、魯莽等等。另一方面，如果運用心理學的術語來陳述動機，就代表你具有洞見、說出真話，擁有更高層次的意識與成熟度等等。而心理學術語的動機陳述，常常會轉譯成病理學術語的動機陳述：「會從事這項工作，是因為符合

哪些神經質需求（neurotic needs）呢？」「這個決定和原生家庭中尚未解決的議題有怎樣的關係？」「這個決定是因為想要處理與母親的那段糾結的關係嗎？」「還是這個決定是想要處理與母親的那段未啟動的關係？」等等。我想你們應該很熟悉這類的問題，我們毫不費力就可以列出一大張清單。

我一直認為動機陳述會以心理學術語為尊，其實是相當深刻的保守行為，不會帶來啟發，也只能特別呈現出從事治療工作經驗中的疲憊與消耗。各式各樣的理由讓我無法接受使用病理學術語來陳述我想要踏入這個專業的動機，所以我大部分時候還是會使用我喜愛的有意識的目標與承諾這類概念。我完全相信這些年來就是這樣的概念表達讓我能夠充滿活力，最近幾年來也激勵了好些治療師和我一起分辨、陳述並提升有意識的目標與承諾的概念。為此我發展出一個練習，你們在發表這份訪談稿時可以附加上去。讀者應該會有興趣和組員一起進行這個練習。（練習方法詳附於訪談稿之後。）

霍　特：研討會一開始，就放了一段兩週前韋克蘭（John Weakland）錄製祝賀大會成功的影片。他邀請

我們一起來思考這個領域目前最重要的應該是什麼。什麼重要、什麼不重要？我想知道你對於我們的未來的方有任何想法嗎？你覺得什麼比較重要？我們應該多朝哪個部分努力？你比較在意的是什麼？

懷　特：我從來都不想進行任何預測。

霍　特：不是預測未來的趨勢，而是一種比較……

懷　特：我們應該多注意哪些部分？

霍　特：是的。

懷　特：我們應該要更嚴肅地看待許多人對種族、文化、性別、族群文化、階級、年齡等等的說法。長久以來我們都以為來尋求諮商的來訪者有自己認定的族群，而我們不會。（笑聲）我們不但需要幫助來訪者一起在這些情境的政治運作中找到他們經驗的定位，另外還要面臨如何去跳脫讓我們找不到自己定位的治療方式，尋求一些方法和他人一起反思，這樣的定位會如何影響我們用自己的經驗去詮釋他人的生活，還有當然就是會如何影

響我們的治療工作。

霍　特：我知道坎伯（Joseph Campbell，1983）在有人問他對於神話的定義時，回答說「就是其他人的宗教」，也就是我們會覺得那是迷信而不去注意。

懷　特：和我們的不一樣。沒錯。

霍　特：我來唸一段和我接下來的問題相關的引言。在《經驗、矛盾、敘事與想像》一書中——我後來才發現這個書名非常巧妙——你和艾普斯頓評論道：

　　與治療工作相關，對我們來說是正中紅心的一個層面，就是冒險的精神。我們會努力保有這樣的精神，因為這種精神能讓我們的工作持續進化，豐富我們的生活，也豐富來尋求協助的來訪者的生活。

　　所以我的問題是，你接下來的冒險會是什麼？現在什麼會是你關注的重點？我知道你今天稍早談到了一些社會正義的計畫。

懷　特：這問題我很難回答。現在我對很多事情都感興趣，而且我希望都能更進一步去研究。沒錯，有些活動的確和正式承認的社會正義計畫相關。不過並沒有和我之前的工作脫鉤。我一向不認為需要這樣去區分，在這個領域一般認為是臨床工作，在另外一個領域則屬於社區發展和社會運動。這不是我心中的區分方式。要區分的話，必須看這是不是能讓治療師設置出不受相關文化政治運作影響的治療情境，並否認治療的互動其實是文化世界的動作。

　　也許我可以用另一種方式回答你的問題，就是「從這裡要去哪裡」。最近我看了《辛德勒名單》這部電影，然後讀了一點辛德勒晚年的生活資料。他晚年住在起居間和臥室共用的單間房子裡，應該是位於德國南部，我想是慕尼黑。他常常去當地的酒吧，如果在那邊遇到和他同世代的人，就會問一個簡單的問題：「你做了什麼？」當然指的是猶太人大屠殺。我自己的理解是，這是個單純的疑問，而不是要表現出道德的優越感。我不知道有多少人回答了他的問題。但我發現自己在思考這個問題，而且覺得對我的人生來說很重要。這個問題也可以用來問我，我在自身周遭目睹的許多權力與優勢的暴力，許多的不公

不義，究竟做了什麼。但如果真的有人現在過來問我這個問題，我會跟他說以後再回答你。我會說：「請還不要問我這個問題，太早了。我還在研究答案，不過以後遇到我可以再問。我希望到時候已經有了答案，而且是我滿意的回答。」我不覺得到時候會是個很龐大或複雜的答案。

康姆斯：我前幾天去過華盛頓的大屠殺紀念博物館。不知道你有沒有去過，不過博物館的最後面會來到所謂的「回憶廳」。那是一個很大的開放空間，沒有閃光燈，也沒有吵雜的聲音。我走到那裡坐下來，發現自己開始起誓，對著我自己或上帝或其他不管是什麼……，我沒有真的付諸言語，但就是一種誓言或承諾。

霍　特：我懂你的意思。麥克，在澳洲你們會說「fair dinkum」，那是什麼意思？

懷　特：意思是絕對真實、非常誠懇。

霍特、麥克、金恩：「Fair Dinkum！」

有意識的目標與承諾練習

導論

　　之前討論了以心理學術語為尊來陳述動機，會邊緣化治療工作中有意識目標與承諾的宣言。也探討了心理治療文化中運用病理學術語來陳述的程度，以及在我們為何會成為治療師的故事中產生的意涵。下面的練習會讓你學到如何抵抗這樣的狀況，同時能夠提升並恢復從有意識目標與承諾的角度來進行陳述。我建議你再找一兩名夥伴一起來探索，不管是為了能分享你們對這項練習的反應，或是為了能有個人來詢問自己的感受。

1. 談談自己的經驗，不管是使用心理學和病理學術語來陳述你選擇進入治療工作的動機，或是任何讓你覺得不該從有意識目標或個人承諾的角度來陳述的重新詮釋。
2. 探討在你的工作與生活中，用心理學術語來陳述的動機，以及用病理學術語來陳述的有意識目標與承諾，可能造成了那些實際影響或結果。
3. 辨識並回想你最早的經驗，從有意識目標的角度去分析為何自己選擇了這份工作，不管當時的話

語有多不成熟，同時思考這樣的陳述與你對工作的承諾有何關連。

4. 分享人生中這些重要經驗的資訊，為何選擇這份工作，進一步釐清背後有意識的目標與承諾，這會讓你了解到在人生的路途上，是哪一項特殊的因素讓你下了這個決定。

5. 討論在這個練習中你所體會到的經驗。這些經驗包括了自己主動表達與傾聽別人表達有意識的目標，以及承諾的話語受到推崇與重視的經驗。

6. 討論有意識目標的概念與承諾的言語，在地位提昇並受到推崇後，對以下關係的影響：

   a. 自身與工作相關的經驗；

   b. 與自己的生活之間的關係；

   c. 你和同事以及來尋求協助的來訪者之間的關係；

   d. 工作與生活方面更廣泛的形塑。

註釋

1. 懷特（1991/1993，34 頁）曾寫道：

   依照我較為寬鬆的定義，解構的過程就是顛覆理所當然的現實與實踐：與產生過程的情境狀態脫鉤的所謂「真實」，隱藏偏見與歧視的另類說話方式，以及掌控生活。許多解構的方法會透過理所當然現實與實踐的客觀化，讓熟悉的日常變得陌

生起來。

懷特（1991/1993，35-36頁）繼續解釋道：

> 解構的前提是一般指涉為「批評的結構主義者」（critical constructivist），或我比較喜歡用的「本質主義者」的（constitutionalist）世界觀。這個觀點主張，人類生活的形塑，是透過源於自身經驗的意義，處於社會結構的狀態，以及這些生活中自我與人際關係中的語言和文化運作。敘事隱喻是把人們過的生活當成故事，這些故事形塑了生活，擁有真實而非想像的效果，並且提供了生活的結構。

2. 見安德森（Andersen，1991）與傅利曼（Friedman，1995）。

3. 見羅森巴姆（Rosenbaum）、賀義（Hoyt）與塔蒙（Talmon，1990）。

4. 根據范傑納（1960）與透納（1969）、懷特與艾普斯頓（1990），以及艾普斯頓與懷特（1995）等幾本著作的說法，不需要讓陷入危機的個案回復到「夠好」的標準，而可以把這個危機當做是「通過的儀式」，這樣問題就會呈現另一種不同的結構，可以提出不同的問題，進步的運動也會朝著另一個不同的方向發展。將危機分別置於隔離的階段（separation phase）、過渡或中間的階段（betwixt-and between phase），以及重新整合的階段（reincorporation phase），我們就能判斷：a. 危機是想告訴我們哪些事情不可能實現；b. 危機給了哪些暗示，讓我們知道可以獲得新的狀態與角色，c. 新的角色與狀態在怎樣的情況下可能會實現的方法。

5. 布魯納（1986，153頁）透過相關的幾行文字，讓我們聯想到喬哀斯（James Joyce）所說的「日常的頓悟（epiphanies of the ordinary）」。貝特森（Mary Catherine Bateson，1994，56頁）的觀點也很讓人信服：「在這個社會，我們對娛樂實在太過著迷，因此埋葬了從日常生活中獲得崇高體驗的能力。也許習得的無趣模式和褻瀆的行為相較，對神聖性造成更大的威脅。」

6. 見伯格（1994），伯格與米勒（Miller，1992），張（Chang）與菲利浦（Phillips，1993），德·沙澤爾（1985，1988，1991，1993），以及懷特（1993）。

延伸閱讀

- 《故事．知識．權力：敘事治療的力量（全新校訂版）》（2018），麥克．懷特（Michael White）、大衛．艾普斯頓（David Epston），心靈工坊。
- 《敘事治療的精神與實踐》（2018），黃素菲，心靈工坊。
- 《翻轉與重建：心理治療與社會建構》（2017），席拉．邁可納米（Sheila McNamee）、肯尼斯．格根（Kenneth J. Gergen），心靈工坊。
- 《開放對話．期待對話：尊重他者當下的他異性》（2016），亞科．賽科羅（Jaakko Seikkula）、湯姆．艾瑞克．昂吉爾（Tom Erik Arnkil），心靈工坊。
- 《敘事治療三幕劇：結合實務、訓練與研究》（2016），吉姆．度法（Jim Duvall）、蘿拉．蓓蕊思（Laura Béres），心靈工坊。
- 《關係的存有：超越自我．超越社群》（2016），肯尼斯．格根（Kenneth J. Gergen），心靈工坊。
- 《醞釀中的變革：社會建構的邀請與實踐》（2014），肯尼斯．格根（Kenneth J. Gergen），心靈工坊。
- 《從故事到療癒：敘事治療入門》（2008），艾莉

絲・摩根（Alice Morgan），心靈工坊。

- 《說故事的魔力：兒童與敘事治療》（2008），艾莉絲・摩根（Alice Morgan）、麥克・懷特（Michael White），心靈工坊。

- 《敘事治療的實踐：與麥克持續對話》（2012），麥克・懷特（Michael White），張老師文化。

- 《敘事治療的工作地圖》（2008），麥克・懷特（Michael White），張老師文化。

- 《敘事取向的生涯諮商》（2006），賴利・寇克倫（Larry Cochran），張老師文化。

- 《兒童敘事治療：嚴重問題的遊戲取向》（2004），大衛・艾普斯頓（David Epston）、珍妮芙・弗里曼（Jennifer C. Freeman）、丁・勞勃維茲（Dean Lobovits），張老師文化。

- 《敘事治療：解構並重寫生命的故事》（2000），吉兒・佛瑞德門（Jill Freedman）、金恩・康伯斯（Gene Combs），張老師文化。

參考文獻

第一章

Andersen, T. (1987). The reflecting team: Dialogue and meta-dialogue in clinical work. *Family Process*, *26*(4), 415–428.

Bourdieu, P. (1988). *Homo Academicus*. Redwood City, CA: Stanford University Press.

Bruner, J. (1986). *Actual minds, possible worlds*. Cambridge, MA: Harvard University Press.

Bruner, J. (1990). *Acts of meaning*. Cambridge, MA: Harvard University Press.

Burke, K. (1969). *A grammar of motives*. Berkeley, CA: University of California Press.

Cecchin, G. (1987). Hypothesizing, circularity and neutrality revisited: An invitation to curiosity. *Family Process*, *26*(4), 405–413.

Derrida, J. (1981). *Positions*. Chicago, IL: University of Chicago Press.

Epston, D., & White, M. (1990). Consulting your consultants: The documentation of alternative knowledges. *Dulwich Centre Newsletter*, (4), 25–35.

Foucault, M. (1979). *Discipline and punish: The birth of the prison*. Middlesex, UK: Peregrine Books.

Foucault, M. (1980). *Power/knowledge: Selected interviews and other writings*. New York, NY: Pantheon Books.

Foucault, M. (1984). *The history of sexuality*. Middlesex, UK: Peregrine Books.

Foucault, M. (1988). Technologies of the self. In L. Martin, H. Gutman, & P. Hutton (Eds.), *Technologies of the self* (pp. 16-49). Amherst, MA: University of Massachusetts Press.

Foucault, M. (1989). *Foucault live*. New York, NY: Semiotext(e).

Geertz, C. (1986). Making experiences, authoring selves. In V. W. Turner & E. Bruner (Eds.), *The anthropology of experience* (pp. 373-380). Chicago, IL: University of Illinois Press.

Gilligan, C. (1982). *In a different voice*. Cambridge, MA: Harvard University Press.

Hare-Mustin, R. (1990). Sex, lies and headaches: The problem is power. In T. Goodrich (Ed.), *Women and power: Perspectives for therapy* (pp. 63-85). New York, NY: W. W. Norton.

Hewson, D. (1991). From laboratory to therapy room: Prediction questions for reconstructing the 'new-old' story. *Dulwich Centre Newsletter*, (3), 5–12.

Jenkins, A. (1990). *Invitations to responsibility: The therapeutic engagement of men who are violent and abusive*. Adelaide, Australia: Dulwich Centre Publications.

Laing, L & Kamsler, A. (1990). Putting an end to secrecy: Therapy with mothers

and children following disclosure of child sexual assault. In M. Durrant &
C. White (Eds.), *Ideas for therapy with sexual abuse* (pp. 157-179). Adelaide,
Australia: Dulwich Centre Publications.

Parker, I., & Shotter, J. (Eds.) (1990). *Deconstructing social psychology*. London, UK:
Routledge.

Turner, V. (1980). Social drama and stories about them. *Critical Inquiry*, (Autumn).

van Gennep, A. (1960). *The rites of passage*. Chicago, IL: Chicago
University Press.

White, M. (1984). Pseudo-encopresis: From avalanche to victory, from vicious to
virtuous cycles. *Family Systems Medicine, 2*(2), 150–160.

White, M. (1986). Negative explanation, restraint, and double description:
A template for family therapy. *Family Process, 25*(2), 169–184.

White, M. (1988a). The process of questioning: A therapy of literary merit?
Dulwich Centre Newsletter, (Winter), 8–14.

White, M. (1988b). Saying hullo again: The incorporation of the lost relationship
in the resolution of grief. *Dulwich Centre Newsletter*, (Spring), 7–11.

White, M. (1989). The externalizing of the problem and the re-authoring of lives
and relationships. *Dulwich Centre Newsletter*, (Summer), 3–21.

White, M., & Epston, D. (1989). *Literate means to therapeutic ends*. Adelaide,
Australia: Dulwich Centre Publications. (Republished in 1990 as *Narrative
means to therapeutic ends*. New York, NY: W. W. Norton.)

第二章

Beels, C. C. (1989). The invisible village. In C. C. Beels & L. L. Bachrach (Eds.),
Survival strategies for public psychiatry [Special issue]. *New Directions for
Mental Health Services*, (42), 27–40.

Menses, G., & Durrant, M. (1986). Contextual residential care. *Dulwich Centre
Review*, pp. 3-14.

Turner, V. (1969). *The ritual process; Structure and anti-structure*. New York, NY:
Cornell University Press.

van Gennep, A. (1960). *The rites of passage*. Chicago, IL: University of
Chicago Press.

第三章

Bruner, E. M. (1986a). Ethnography as narrative. In V. W. Turner & E. M. Bruner
(Eds.), *The anthropology of experience* (pp. 139-155). Chicago, IL: University of
Illinois Press.

Bruner, E. M. (1986b). Experience and its expressions. In V. W. Turner &
E. M. Bruner (Eds.), *The anthropology of experience* (pp. 3-30). Chicago, IL:
University of Illinois Press.

Myerhoff, B. (1982). Life history among the elderly: Performance, visibility and
re-membering. In J. Ruby (Ed.), *A crack in the mirror: Reflexive perspectives in
anthropology* (pp. 99-117). Philadelphia, PA: University of Pennsylvania Press.

Myerhoff, B. (1986). 'Life not death in Venice': Its second life. In V. W. Turner &
E. M. Bruner (Eds.), *The anthropology of experience* (pp. 261-286). Chicago, IL:
University of Illinois Press.

Turner, V. (1986). Dewey, Dilthey, and Drama: An essay in the anthropology
of experience. In V. W. Turner & E. M. Bruner (Eds.), *The anthropology of
experience* (pp. 33-44). Chicago, IL: University of Illinois Press.

White, M. (1988). The process of questioning: A therapy of literary merit?
Dulwich Centre Newsletter (Winter), 8–14.

第四章

Myerhoff, B. (1982). Life history among the elderly: Performance, visibility, and
re-membering. In J. Ruby (Ed.), *A crack in the mirror: Reflective perspectives in
anthropology* (pp. 99–117). Philadelphia, PA: University of Pennsylvania Press.

White, M. (1988). Saying hullo again: The incorporation of the lost relationship in
the resolution of grief. *Dulwich Centre Newsletter*, (Spring), 7–11.

第五章

Derrida, J. (1973). *Speech and phenomena, and other essays on Husserl's Theory of Signs*,
Evanston, IL: Northwestern University Press.

Derrida, J. (1976). *Of grammatology*. Baltimore, MD: John Hopkins
University Press.

Derrida, J. (1978). *Writing and difference*. London, UK: Routledge and
Kegan Paul.

Lindgren, A. (1950). *Pippi Longstocking*. New York, NY: Viking Press

Vygotsky, L. (1986). *Thought and language*. Cambridge, MA: The MIT Press.

White, M. (2000). Re-engaging with history: The absent but implicit. In M.
White, *Reflections on narrative practice: Essays and interviews* (pp. 35–58).
Adelaide, Australia: Dulwich Centre Publications.

White, M. (2003). Narrative practice and community assignments. *The
International Journal of Narrative Therapy and Community Work*, (2), 17–55.

White, M. (2004a). Narrative practice, couple therapy and conflict dissolution.
In M. White, *Narrative practice and exotic lives: Resurrecting diversity in
everyday life* (pp. 1–41). Adelaide, Australia: Dulwich Centre Publications.

White, M. (2004b). Working with people who are suffering the consequences of
multiple trauma: A narrative perspective. *The International Journal of Narrative
Therapy and Community Work*, (1), 47–76.

第六章

Geertz, C. (1973). Thick description: Toward an interpretive theory of culture.
In C. Geertz, *The interpretation of cultures*. New York, NY: Basic Books.

White, M. (1992). Deconstruction and therapy (pp. 3-30). In D. Epston & M.

White, *Experience, contradiction, narrative and imagination*. Adelaide, Australia: Dulwich Centre Publications.

White, M. (1995). *Re-authoring lives: Interviews and essays* (pp. 109-151). Adelaide, Australia: Dulwich Centre Publications.

White, M. (1997). *Narratives of therapists' lives*. Adelaide, Australia: Dulwich Centre Publications.

第八章

Andersen, T. (Ed.) (1991). *The reflecting team: Dialogues and dialogues about the dialogues*. New York, NY: W. W. Norton.

Bateson, M. C. (1994). *Peripheral visions: Learning along the way*. New York, NY: Harper Collins.

Berg, I. K. (1994). *Family based services: A solution-focused approach*. New York, NY: W. W. Norton.

Berg, I. K., & Miller, S. D. (1992). *Working with the problem drinker*. New York, NY: W. W. Norton.

Bruner, J. (1986). *Actual minds, possible worlds*. Cambridge, MA: Harvard University Press.

Campbell, J. (1983). *Myths to live by*. New York, NY: Penguin.

Chang, J., & Phillips, M. (1993). Michael White and Steve de Shazer: New directions in family therapy. In S. G. Gilligan & R. Price (Eds.), *Therapeutic conversations* (pp. 95–111). New York, NY: W. W. Norton.

Combs, G., & Freedman, J. (1990). *Symbol story, and ceremony: Using metaphor in individual and family therapy*. New York, NY: W. W. Norton.

de Shazer, S. (1985). *Keys to solutions in brief therapy*. New York, NY: W. W. Norton.

de Shazer, S. (1988). *Clues: Investigating solutions in brief therapy*. New York, NY: W. W. Norton.

de Shazer, S. (1991). *Putting difference to work*. New York, NY: W. W. Norton.

de Shazer, S. (1993). Commentary: de Shazer and White: Vive la difference. In S. G. Gilligan & R. Price (Eds.), *Therapeutic conversations* (pp. 112–120). New York, NY: W. W. Norton.

Epston, D., & White, M. (1992). *Experience, contradiction, narrative & imagination: Selected papers of David Epston and Michael White, 1989–1991*. Adelaide, Australia: Dulwich Centre Publications.

Epston, D., & White, M. (1995). Termination as a rite of passage: Questioning strategies for a theory of inclusion. In R. A. Neimeyer & M. J. Mahoney (Eds.), *Constructivism in psychotherapy* (pp. 339–354). Washington, DC: American Psychological Association.

Foucault, M. (1988a). The ethic of care for the self as a practice of freedom. In J. Bernauer & D. Rasmussen (Eds.), *The final Foucault*. Cambridge, MA: The MIT Press.

Foucault, M. (1988b). Technologies of the self. In L. Martin, H. Gutman
& P. Hutton (Eds.), *Technologies of the self*. Amherst, MA: University of
Massachusetts Press.

Freedman, J., & Combs, G. (1996). *Narrative therapy: The social construction of
preferred realities*. New York, NY: W. W. Norton.

Friedman, S. (Ed.) (1995). *The reflecting team in action: Collaborative practice
in family therapy*. New York, NY: Guilford Press.

Geertz, C. (1983). *Local knowledge*. New York, NY: Basic Books.

Gergen K. (1994). Between alienation and deconstruction: Re-visioning
therapeutic communication. Keynote address, *Therapeutic Conversations
2 Conference*. Weston, VA.: Institute for Advanced Clinical Training.

Gould, S. J. (1980). *The panda's thumb: More reflections in natural history*.
New York, NY: W. W. Norton.

Hoagland, S. (1988). *Lesbian ethics*. Palo Alto, CA: Institute of Lesbian Studies.

Laing, R. D. (1967). *The politics of experience*. New York, NY: Pantheon.

Malouf, D. (1991). *The great world*. Sydney, Australia: Pan MacMillan.

Rosenbaum, R., Hoyt, M. F., & Talmon, M. (1990). The challenge of single-
session therapies: Creating pivotal moments. In R. A. Wells & V. J. Giannetti
(Eds.), *Handbook of the brief psychotherapies* (pp. 165–189). New York, NY:
Plenum Press. (Reprinted in Hoyt, M. F. [1995], *Brief therapy and managed
care: Selected papers* [pp. 105–1391]. San Francisco, CA: Jossey-Bass.)

Suzuki, S. (1970). *Zen mind, beginner's mind*. New York, NY: Weatherhill.

Turner, V. (1969). *The ritual process: Structure and anti-structure*. Ithaca, NY:
Cornell University Press.

van Gennep, A. (1960). *The rites of passage*. Chicago, IL: University of
Chicago Press.

Welch, S. (1990). *A feminist ethic of risk*. Minneapolis, MN: Fortress Press.

White, M. (1993). Deconstruction and therapy. In S. G. Gilligan & R. Price (Eds),
Therapeutic conversations (pp. 22–61). New York: W. W. Norton. (Original work
published in the *Dulwich Centre Newsletter*, 1991, (3), 1–21. Also reprinted
in D. Epston & M. White (1992), *Experience, contradiction, narrative &
imagination* (pp. 109–152). Adelaide, Australia: Dulwich Centre Publications.)

White, M. (1993). Commentary. The histories of the present. In S. G. Gilligan
& R. Price (Eds.), *Therapeutic conversations* (pp. 121–135). New York, NY:
W. W. Norton.

White, M. (1994). A conversation about accountability with Michael White.
Dulwich Centre Newsletter, (2&3), 68–79. (Reprinted in White, M. [1995],
Re-authoring lives: Interviews & essays. Adelaide, Australia: Dulwich Centre
Publications.)

White, M., & Epston, D. (1990). *Narrative means to therapeutic ends*. New York,
NY: W. W. Norton.

參考文獻

Master 055

故事・解構・再建構：
麥克・懷特敘事治療精選集
Narrative Therapy Classics
作者—麥克・懷特 Michael White　譯者—徐曉珮　審閱—吳熙琄

出版者—心靈工坊文化事業股份有限公司
發行人—王浩威　總編輯—徐嘉俊　責任編輯—趙士尊
內頁排版—龍虎電腦排版股份有限公司
通訊地址—10684 台北市大安區信義路四段 53 巷 8 號 2 樓
郵政劃撥—19546215　戶名—心靈工坊文化事業股份有限公司
電話—02）2702-9186　傳真—02）2702-9286
Email—service@psygarden.com.tw　網址—www.psygarden.com.tw
製版・印刷—彩峰造藝印像股份有限公司
總經銷—大和書報圖書股份有限公司
電話—02）8990-2588　傳真—02）2290-1658
通訊地址—248 新北市新莊區五工五路二號
初版一刷—2018 年 4 月　初版四刷—2024 年 1 月
ISBN—978-986-357-116-2 定價—450 元

國家圖書館出版品預行編目資料

麥克．懷特敘事經典 / 麥克・懷特 (Michael White) 著；徐曉珮譯． -- 初版 --
臺北市：心靈工坊文化，2018.04
　面；　公分
譯自：Narrative therapy classics
ISBN 978-986-357-116-2(平裝)

1. 心理治療　2. 心理諮商

178.8　　　　　　　　　　　　　　　　　　　　　107004040